HISTOIRE RELIGIEUSE

DE

L'ÉGLISE NOTRE-DAME-DES-VICTOIRES.

Chapelle de l'Archiconfrérie
DU TRÈS S. ET I. CŒUR DE MARIE
dans l'Église de Notre-Dame des Victoires
de Paris.

HISTOIRE RELIGIEUSE

DE L'ÉGLISE

NOTRE-DAME-DES-VICTOIRES

DE PARIS

ET

DE L'ARCHICONFRÉRIE

DU TRÈS-SAINT ET IMMACULÉ CŒUR DE MARIE;

PAR

M. L'ABBÉ BALTHASAR,

du clergé de N.-D.-des-Victoires,
et membre de plusieurs Sociétés savantes ;

Dédiée à S. S. Pie IX,

et publiée sous les auspices de M. Dufriche-Desgenettes,
curé de Notre-Dame-des-Victoires.

PARIS.

AMBROISE BRAY, LIBRAIRE,

Éditeur des Publications de l'Archiconfrérie,

66, RUE DES SAINTS-PÈRES.

1855

A SA SAINTETÉ

PIE IX,

SOUVERAIN PONTIFE,

LE PÈRE, LE PROTECTEUR, LE BIENFAITEUR

DE NOTRE-DAME-DES-VICTOIRES

ET DE L'ARCHICONFRÉRIE,

Hommage

de la profonde vénération, du respect, de l'amour
et du dévouement

du plus humble de ses enfants.

FETES PARTICULIÈRES

DE L'ARCHICONFRÉRIE

Célébrées à Notre-Dame-des-Victoires et au jour des quelles on peut gagner des Indulgences.

—o—o—

Le jour de la Circoncision de N.-S. Jésus-Christ, 1ᵉʳ janvier. — Indulgence plénière.

Le jour de la Conversion de saint Paul, 25 janvier. — Indulgence plénière.

Le dernier dimanche après l'Epiphanie, fête solennelle du Saint-Cœur de Marie. — Indulgence plénière.

La Purification de la sainte Vierge, 2 février. — Indulgence plénière.

Saint-Joseph, 19 mars. — Indulgence plénière.

Le vendredi après le dimanche de la Passion, fête de Notre-Dame-des-Sept-Douleurs. — Indulgence plénière.

Annonciation de la sainte Vierge, 25 mars. — Indulgence plénière.

Le mois de mai, célébré avec la plus grande solennité. — Indulgence plénière.

Le troisième dimanche après Pâques, fête de sainte Aurélie, vierge et martyre à Rome, dont les reliques sont placées sous l'autel du Saint-Cœur de Marie. — Indulgence plénière.

Saint Jean-Baptiste, 24 juin. — Indulgence plénière.

Sainte Marie-Madeleine, 22 juillet. — Indulgence plénière.

L'Assomption de la sainte Vierge, 15 août. — Indulgence plénière.

La Nativité de la sainte Vierge, 8 septembre. — Indulgence plénière.

Le quatrième dimanche d'octobre, fête principale de Notre-Dame-des-Victoires. — Indulgence plénière.

La Conception Immaculée de Marie, 8 décembre. — Indulgence plénière.

Translation de la sainte Maison de Lorette, 10 décembre. — Indulgence plénière.

La fête de Noël, 25 décembre. — Indulgence plénière.

La fête de saint Jean l'Évangéliste, 27 décembre. - Indulgence plénière.

Le 9 juillet, jour anniversaire du Couronnement. - Indulgence plénière.

INTRODUCTION.

L'Archiconfrérie sera la ressource de l'Église, disait naguère le savant et pieux Pontife qui est assis aujourd'hui sur la chaire de saint Pierre. Les grâces immenses accordées aux prières de cette pieuse association ont fait connaître au loin le nom de Notre-Dame-des-Victoires, humble sanctuaire où la dévotion au Saint-Cœur de Marie a pris naissance. Il n'est presque pas de catholiques qui n'aient entendu parler de Notre-Dame-des-Victoires ; il n'est pas un serviteur de Marie qui ne se sente ému en prononçant ce nom chéri, qui lui rappelle les grandes faveurs dont Dieu s'est plu à combler ceux qui se sont adressés à lui par l'intercession du Cœur si pur de l'Immaculée Vierge Marie. La dévotion à la Mère de Dieu a pris de nos jours une très-grande extension. C'est le remède particulier que Dieu réservait à la maladie spirituelle de notre siècle ;

et il est vrai de dire que chaque époque a eu un moyen particulier de salut, accordé par la divine Providence, comme une digue à opposer aux maux qui désolent le monde.

A la vue de l'extension si rapide et si remarquable de la dévotion au Saint-Cœur de Marie, et de tout le bien qui en a été la conséquence, nous ne pouvons nous empêcher de répéter la consolante parole de Pie IX : *L'Archiconfrérie sera la ressource de l'Église.* En effet, que d'âmes converties, que de paroisses changées, quel élan religieux dans les pays où la dévotion au Saint-Cœur de Marie a été établie! Preuves éclatantes que l'Archiconfrérie est un des moyens les plus efficaces de salut que Dieu nous ait réservés dans son inépuisable miséricorde.

Si un grand nombre de chrétiens connaissent le nom de Notre-Dame-des-Victoires, ainsi que les prodiges de miséricorde opérés par l'intercession de la sainte Vierge, il en est un bien petit nombre, peut-être, qui sachent l'histoire de l'Église où la dévotion au Saint-Cœur de Marie a pris naissance. Beaucoup même ignorent les circonstances providentielles qui ont autrefois décidé la fondation de ce sanctuaire auguste, et les raisons pour lesquelles il fut dédié à Notre-Dame-des-Victoires. Nous avons voulu rappeler ces circonstances en quelques pages, et nous avons pensé que le récit court et exact de l'origine et de l'histoire de Notre-Dame-des-Victoires pourrait intéresser les fidèles. Ils verront se préparer longtemps à l'avance les desseins admirables de Dieu sur cette Église, prédestinée à devenir un foyer de grâces dont les rayons se sont répandus sur toute la terre et ont réchauffé tant de malheureux cœurs souillés ou perdus, pour les rendre à la vie, au bonheur et à l'espérance. La sainte Vierge, honorée sous le titre glorieux de Notre-Dame-des-Victoires, est bien cette femme forte dont il est parlé dans l'Écriture. C'est vraiment dans l'Archiconfrérie que cette Vierge immaculée remporte la victoire sur le démon, lui écrase la tête, et lui arrache, en dépit de sa rage, tant d'âmes qu'il croyait à jamais sa conquête. *Et ipsa conteret caput tuum (serpentis)* [1].

Afin d'augmenter la confiance des fidèles envers la divine Mère, et propager autant qu'il est en nous son culte sous le titre de Notre-Dame-des-Victoires, nous avons raconté quelques-uns de ces prodiges de grâce qui s'opèrent de nos jours dans le sanctuaire privilégié de

[1] Marie, nouvelle Ève promise par Dieu dès l'origine du monde pour écraser la tête du serpent qui avait perdu nos premiers parents.

Notre-Dame-des-Victoires. En cela nous avons voulu d'abord honorer Marie, puis prouver encore une fois de plus qu'elle se montre pleine d'empressement à secourir ceux qui l'invoquent; et il nous sera permis de dire que la divine Mère de Dieu se plaît à répandre ses faveurs sur ceux qui invoquent spécialement son Cœur Immaculé. Or, quoi de plus agréable à Marie que de parler de ce sanctuaire qu'elle s'est choisi, de raconter son histoire, d'apprendre à tous les hommes que Marie y a établi le trône de sa miséricorde, qu'elle les y attend pour les combler de ses faveurs. Si tous ne peuvent visiter ce temple auguste, le désir de la Mère de Dieu est que tous, autant qu'il est possible, s'enrôlent sous la bannière sainte de l'Archiconfrérie, qu'ils implorent son assistance et fassent une douce violence à son cœur maternel.

Partout où le nom de Jésus a pénétré, retentit le doux nom de Marie; l'Europe, les nombreuses et ferventes missions de l'Asie, de l'Amérique, des côtes de l'Afrique, invoquent son Saint-Cœur, et prient Notre-Dame-des-Victoires; du sein des pays livrés à l'hérésie, les pieux catholiques unissent leur voix à celles de leurs frères, de sorte qu'on peut dire que de l'Orient à l'Occident s'élève vers la Mère de miséricorde et en l'honneur de son Immaculé Cœur un concert non interrompu de louanges qui fait descendre de son cœur maternel des grâces sans nombre sur ses enfants.

Le petit ouvrage que nous offrons aux fidèles n'est point un livre de prières, mais une notice historique sur la fondation de l'église de Notre-Dame-des-Victoires, l'établissement de l'Archiconfrérie et sa miraculeuse diffusion. Nous y ajoutons le récit des marques de protection accordées par les Souverains-Pontifes, et la narration simple et fidèle de quelques-unes des faveurs si nombreuses obtenues par ceux qui ont invoqué Marie avec confiance sous le titre de Notre-Dame-des-Victoires. Nous donnons ensuite une description exacte de l'église, qui n'a rien sans doute de bien remarquable sous le rapport monumental; mais ce petit aperçu intéressera peut-être ceux qui n'ont pas le bonheur de visiter ce sanctuaire béni; ils pourront s'y transporter par l'imagination, et là, devant la statue couronnée de Notre-Dame-des-Victoires, ils uniront leurs prières à celles de tant d'autres fidèles qui, à toute heure de la journée, visitent l'autel du Saint-Cœur de Marie, lui offrent l'hommage de leurs vœux et la prient pour la conversion des pécheurs.

C'est à Marie surtout que nous offrons notre

livre ; nous le plaçons sous sa protection afin qu'il soit une marque de reconnaissance pour les bienfaits signalés que nous avons reçus de cette bonne Mère.

Nous avons dédié ce petit ouvrage à l'auguste représentant de Jésus-Christ, au bien-aimé Pie IX, notre Pontife, notre père, au protecteur de l'Archiconfrérie qu'il a comblée de faveurs spirituelles et temporelles, au bienfaiteur de Notre-Dame-des-Victoires qu'il a enrichie de dons si précieux.

Le vénérable Curé de Notre-Dame-des-Victoires, choisi par Dieu pour instituer cette pieuse Archiconfrérie, a bien voulu guider nos pas, et nous fournir les matériaux nécessaires pour élever à Marie ce petit monument de reconnaissance. C'est sous les auspices de ce saint prêtre que notre livre voit le jour, et de son consentement. Qu'il reçoive ici nos remerciements pour la bienveillance qu'il veut bien nous témoigner, et dont nous sommes heureux de proclamer les effets.

Chers confrères du Cœur Immaculé de Marie, c'est à vous aussi que j'offre mon livre ; c'est à tous les fidèles, afin que tous le lisent, non pour y admirer le style et la grâce des périodes, mais pour y trouver des motifs d'affection et de confiance envers l'auguste Reine des cieux, qui est en même temps la tendre Mère des hommes.

Pauvres âmes abandonnées, savants, ignorants, pécheurs, grands, petits, malades, faibles, vous tous enfants d'Adam, de quelque condition que vous soyez, venez tous d'un pôle à l'autre, venez pour le salut de vos âmes à la libérale et toute-puissante providence de Marie, et recourez à l'intercession de celle qui a été choisie pour donner la vie temporelle au Verbe divin. Venez tous ; si vous possédez la vraie foi, c'est à elle que vous en êtes redevables ; si vous l'avez perdue, elle vous y convie de nouveau, elle vous tend les bras, elle vous ouvre son cœur ; si vous êtes encore assis dans les ténèbres, à l'ombre de la mort, prenez courage, adressez-vous à son cœur immaculé, à ce cœur qui vous aime d'un amour si vif, d'un amour si tendre, et vous trouverez la lumière et la paix.

L'heureux jour de la naissance de Marie,
    8 septembre 1854.

CONSÉCRATION

A

NOTRE-DAME DES VICTOIRES.

—∞×∞—

O Reine du ciel et de la terre, aimable Mère, miséricordieuse et bénigne Marie, je vous offre ce petit livre : daignez en agréer l'hommage. Je le dépose humblement à vos pieds. Bénissez-le, recevez-le comme le faible témoignage de ma reconnaissance pour toutes les faveurs dont vous m'avez comblé, et comme la marque de l'amour que je ressens pour la plus tendre des Mères. Ce petit ouvrage a pour but de proclamer les grâces immenses que vous prodiguez à ceux qui invoquent votre Très-Saint et Immaculé Cœur, et d'exalter la bénigne protection dont vous voulez bien honorer le sanctuaire auguste qui vous est consacré sous le titre glorieux de Notre-Dame-des-Victoires. Que tous ceux qui liront ce livre se sentent animés d'un plus grand désir de vous aimer, de faire connaître votre maternelle tendresse, et de travailler de plus en plus à leur conversion et à celle de leurs frères ! Qu'il attire aussi sur celui qui l'a composé votre bienveillante protection, c'est ce que vous demande le plus indigne et le plus humble de vos serviteurs.

HISTOIRE RELIGIEUSE

DE

L'ÉGLISE NOTRE-DAME-DES-VICTOIRES.

LIVRE I.

HISTOIRE DE L'ÉGLISE DE NOTRE-DAME-DES-VICTOIRES,
DEPUIS SA FONDATION JUSQU'A NOS JOURS.

—☙—

CHAPITRE I.

De l'Ordre monastique de Saint-Augustin.

Dans les premiers siècles de l'Église une multitude considérable de pieux fidèles embrassèrent la vie érémitique, c'est-à-dire qu'ils abandonnaient leur pays, leur famille, pour aller habiter les solitudes : on leur donna le nom de *cénobites* ou *ermites*. L'Afrique, et surtout l'Égypte, renfermaient beaucoup de ces religieux qui se retiraient dans les déserts, afin d'y vivre loin du contact des hommes et de s'y absorber tout entiers dans la contemplation divine et la méditation des vérités éternelles. Ces moines ne suivaient aucune règle particulière et vivaient complétement isolés. Saint Augustin, encore simple prêtre, eut la pensée de réunir dans un double cloître, contigu à l'église qu'il desservait, de pieux solitaires qui étaient venus se placer sous sa direction, afin d'arriver plus sûrement, par ses sages conseils, et de s'animer, par ses exemples, à la pratique des plus sublimes vertus. Saint Augustin donna à ces religieux une espèce de règle. Ce nouvel Ordre d'Ermites prit le nom de son fondateur et se répandit en Afrique et en Italie. La vie sainte et parfaite que menaient ces religieux les fit bientôt connaître, et beaucoup de chrétiens, empressés de marcher sur leurs traces, vinrent chercher dans la solitude un abri contre les séductions du monde, en même temps que cette paix ineffable, avant-goût des félicités célestes.

Au treizième siècle, l'Ordre des Ermites de saint Augustin était très-répandu : il comptait un nombre considérable de religieux. Innocent IV [1], en 1244, crut qu'il était utile de les réunir en congrégations. Il forma des monastères auxquels il donna une règle tirée des écrits du saint fondateur. Peu à peu quelques-uns de ces monastères abandonnèrent la vie solitaire pour former de nouvelles congrégations des chanoines

[1] Innocent IV monta sur le trône pontifical en 1243 ; il mourut en 1254.

réguliers de Saint-Augustin, d'où vint le nom d'Augustins, sous lequel ces moines furent depuis désignés. En 1254, Alexandre IV [1], confirma cette transformation par une bulle.

Ce fut vers cette époque que les Augustins fondèrent en France leurs premiers monastères. Saint Louis [2] occupait alors le trône, et sa piété si éclairée ne manqua pas de favoriser les monastères du nouvel Ordre, introduit dans le royaume. Les Augustins vinrent à Paris ; ils se logèrent d'abord près de la porte Montmartre ; mais le lieu qu'ils avaient choisi étant malsain, ils s'établirent sur la rive gauche de la Seine, dans l'enclos du Chardonnet, où ils achetèrent la maison et le terrain d'une congrégation de religieux mendiants qui fut supprimée. Charles V [3] continua aux religieux la bienveillante protection de saint Louis et leur octroya plusieurs privi-

---

[1] Alexandre IV gouverna l'Église de 1254 à 1261.

[2] Saint Louis, neuvième du nom, naquit à Poissy le 25 avril 1215. Il succéda, en 1226, à Louis VIII, son père, et donna sur le trône l'exemple de toutes les vertus. Il partit pour la Terre-Sainte afin de concourir à la délivrance des lieux consacrés par la présence du Sauveur ; mais ces expéditions ne furent pas couronnées de succès. Le saint roi mourut de la peste à Carthage, pendant un de ces voyages, le 25 août 1270. Ses vertus lui méritèrent, avec la gloire humaine, cette auréole plus précieuse de la sainteté.

[3] Charles V dit le Sage, fils du roi Jean et de Bonne de Luxembourg, naquit à Vincennes le 21 janvier 1337. Il gouverna avec sagesse, et mourut en 1380.

léges. Les religieux acquirent quelques biens, dont ils employèrent les revenus à bâtir une belle église, dans laquelle Henri III [1] institua plus tard l'Ordre du Saint-Esprit [2].

Mais par la suite malheureusement les religieux tombèrent dans le relâchement; une réforme devint nécessaire. Thomas de Jésus [3], re-

[1] Henri III naquit à Fontainebleau le 19 septembre 1551. Il fut assassiné par Jacques Clément le 2 août 1589, pendant le siége de Paris.

[2] L'Ordre du Saint-Esprit fut institué par Henri III au mois de décembre 1578, en reconnaissance des bienfaits qu'il avait reçus de Dieu, surtout au jour de la Pentecôte, dans lequel, en 1573, il avait été élu roi de Pologne : dans ce saint jour, en 1574, il avait succédé à son frère Charles IX. Le roi était grand-maître de l'Ordre. Le nombre des chevaliers était fixé à cent. Pour en faire partie, il fallait être catholique, avoir trois degrés de noblesse, et être âgé de 25 ans pour les princes et de 35 ans pour les autres. L'Ordre du Saint-Esprit, aboli en 1789, fut rétabli sous la Restauration, et supprimé de nouveau en 1830.

[3] Thomas de Jésus naquit à Lisbonne en 1520. Dès sa plus tendre jeunesse, il se rendit recommandable par sa piété autant que par sa science, heureux de profiter de la direction du P. Louis de Montaya, religieux Augustin, qui fut chargé de son éducation. Le père Thomas commençait à établir la réforme dans son monastère, lorsqu'il fut mandé par le roi dom Sébastien pour le suivre en Afrique. Après la défaite de l'armée chrétienne, le saint religieux demeura captif parmi les Barbares et fut vendu à un Morabite qui lui fit endurer les plus cruels tourments. Il fut appelé à la cour du roi de Maroc, et sa famille offrit de payer sa rançon, mais il préféra demeurer captif pour travailler au salut des esclaves chrétiens. Il mourut le 17 avril 1582, à l'âge de 53 ans.

ligieux portugais, issu d'une illustre famille, résolut d'user de l'influence que lui donnaient son nom et surtout ses vertus, pour ramener les moines de son Ordre à une vie plus régulière. On était alors à la fin du seizième siècle (1565). Son projet rencontra de nombreux obstacles, qu'il aurait surmontés à force de patience et de prières, si la persécution qu'il endura en Afrique ne l'eût forcé de renoncer à son dessein. Il mourut sans avoir pu réaliser sa pieuse entreprise.

Cette tentative ne demeura pas infructueuse; la réforme devenant tous les jours plus nécessaire, le chapitre général de l'Ordre assemblé à Tolède, en 1588, résolut d'apporter un remède au mal, et adopta le projet de réforme du Père Thomas. Le Père Louis de Léon, élu premier définiteur, fut choisi pour préparer les constitutions de la réforme. Cette tâche lui fut facile; il n'eut qu'à suivre les plans du Père Thomas, près duquel il avait vécu plusieurs années. Son travail terminé et approuvé par le provincial et les définiteurs réunis en chapitre, le Père Léon fut envoyé à Rome, où il soumit les nouveaux règlements au pape Sixte V, qui les approuva. Les religieux de la nouvelle observance ajoutèrent, à leurs nombreuses mortifications, celle de marcher pieds nus, ce qui les fit appeler Augustins-Déchaussés. La réforme se répandit bientôt en Espagne, d'où elle passa en Italie. Beaucoup de chrétiens furent touchés de la vie sainte et mortifiée de ces moines qui virent bientôt leurs monastères remplis d'une foule considérable de sujets. Toutes les maisons de la nouvelle réforme furent soumises au provincial de Castille. Un conflit s'éleva bientôt entre les Augustins réformés et ceux qui ne l'étaient pas. Ceux-ci disputèrent aux autres l'exercice de l'autorité. Le pape Clément VIII termina le différend, le 11 février 1582, en érigeant les Augustins-Déchaussés en province spéciale, et leur donnant la faculté d'élire un provincial et des prieurs.

CHAPITRE II.

Établissement des Augustins en France, fondation de l'église de Notre-Dame-des-Victoires et du monastère des Petits-Pères.

La nouvelle réforme ne tarda pas à être connue au loin. Guillaume d'Avignon, archevêque d'Embrun et ambassadeur du roi de France près de la cour de Rome, conçut le projet d'attirer les Augustins-Déchaussés dans sa patrie. En 1594, il fit don à la congrégation de son prieuré de Villars-Benoît, au diocèse de Grenoble. Les religieux acceptèrent avec empressement, et Clément VIII confirma cette donation par un bref, dans lequel il permit aux Augustins de la nouvelle réforme d'établir en France autant de maisons qu'ils le jugeraient à propos. Ce bref, du 21 décembre 1600, fut suivi des lettres-patentes que leur accorda Henri IV, en 1607. Dans le but de rendre plus stable leur établissement de Villars-Benoît, le roi de France leur octroya l'autorisation de s'établir dans telle partie du royaume qu'ils voudraient choisir sans être inquiétés de personne.

Le monastère fut placé sous la conduite des Pères François Amet et Matthieu de Sainte-Françoise, qui vivaient à Rome dans la nouvelle observance et contribuèrent beaucoup à son établissement. Le monastère de Villars-Benoît fut bientôt connu à Paris par la vie sainte qu'y menaient les religieux.

Marguerite de Valois [1], épouse d'Henri IV, lors de sa retraite au château d'Usson, en Auvergne, fut sauvée d'un grand danger qui menaçait sa vie; en reconnaissance elle fit vœu de fonder, à Paris, un monastère où les religieux chanteraient nuit et jour les louanges du Seigneur.

La reine, à son retour dans la capitale, n'oublia pas son vœu et décida la fondation du monastère et d'une église sous l'invocation de la Sainte-Trinité. Le Père Amet, son prédicateur et son confesseur ordinaire, se chargea de rassembler le nombre de sujets nécessaire pour composer la nouvelle communauté. Il fit venir de Villars-Benoît plusieurs religieux, auxquels la reine Marguerite concéda, près de son palais, le terrain suffisant [2] pour établir le monastère qu'elle avait

---

[1] Marguerite de Valois, fille de Henri II et de Catherine de Médicis, naquit en 1552. Elle épousa Henri de Navarre en 1572. Celui-ci, devenu roi, la répudia. Marguerite se retira au château d'Usson, en Auvergne, et lorsqu'elle eut consenti au divorce, elle revint à Paris, et se fit bâtir un palais dans la rue de Seine. Elle mourut en 1615.

[2] Ce nouveau monastère était placé assez près de Saint-Germain-des-Prés. Il fut habité ensuite par les Augustins de la réforme de Bourges, appelés les Petits-Augustins. Sur l'emplacement de ce monastère, on a élevé, il y a quelques années, l'école des Beaux-Arts.

fondé, en y ajoutant 6,000 livres de rentes. Le contrat de donation, passé le 26 septembre 1609, fut confirmé par lettres-patentes du roi, le 20 mars 1610, et approuvé par le Souverain-Pontife le 1er juillet suivant.

Durant l'espace de temps nécessaire à l'accomplissement de ces formalités et à la construction du monastère, les religieux habitèrent le palais de la reine.

Les Augustins ne jouirent que trois ans du monastère et des revenus qu'ils devaient à la libéralité de Marguerite de Valois. Le caractère inconstant de celle-ci se lassa bientôt du Père Amet, qui lui reprochait avec assez de liberté le peu de régularité de sa vie [1]. Les religieux subirent les conséquences de cette franchise; ils furent congédiés. La reine révoqua sa donation, et le 25 décembre elle renvoya les Augustins-Déchaussés, auxquels furent substitués, l'année suivante, les religieux Augustins-Chaussés de la réforme de Bourges.

Les Augustins-Déchaussés retournèrent à leur monastère de Villars-Benoît, sans perdre toutefois l'espérance de s'établir plus tard à Paris. Peu

---

[1] La reine Marguerite envoya Étienne le Maingre de Boucicaut, évêque de Grasse, son aumônier, dire aux Augustins-Déchaussés de se retirer, alléguant comme prétexte qu'ils ne chantaient pas le plain-chant, mais en réalité parce qu'elle était importunée des avertissements que lui donnait le père Amet.

d'années après, en effet, quelques religieux revinrent dans cette ville avec la pensée d'y fonder une maison. Paul de Gondi, alors archevêque, les accueillit avec bonté et se montra très-favorable à leur dessein. Les Pères, au nombre de huit, ainsi encouragés, cherchèrent un local convenable; mais n'en ayant pas trouvé, ils se contentèrent de louer une petite maison en dehors de la porte Montmartre, près du lieu où fût bâtie l'église paroissiale de Saint-Joseph.

Le nombre des religieux ne tarda pas à augmenter; il fallut choisir un local plus vaste. Près du Mail se trouvait un terrain fort étendu et encore inoccupé, qui parut convenable aux religieux pour l'établissement d'un nouveau monastère. En 1626, le père Anselme, alors provincial, fit l'acquisition de ce terrain. Mais avant de commencer les constructions, les Augustins supplièrent le roi Louis XIII de se déclarer fondateur du nouveau couvent. La France venait d'être déchirée par les guerres de religion. Le protestantisme, chassé de ville en ville, s'était réfugié à La Rochelle [1]

---

[1] Après la Saint-Barthélemy, les Rochellois, les premiers prirent les armes, et forcèrent Henri III à capituler. Richelieu voulut en finir avec le parti protestant, dont les progrès devenaient menaçants pour l'avenir de la France. La Rochelle était le boulevard du protestantisme, et comme la place d'armes et la capitale de ce parti. Le siége en fut décidé; il commença le 16 novembre 1627. Bassompierre, le duc d'Angoulême et le maréchal de Schomberg commandaient les divers

comme dans une forteresse inexpugnable. Louis XIII, aidé de son premier ministre, le cardinal Richelieu, résolut de s'emparer de ce dernier rempart de l'hérésie afin de délivrer complétement la France de ce fléau. Le siége à jamais mémorable de La Rochelle fut entrepris. Le succès couronna les efforts des armées catholiques : la ville fut prise. Louis XIII était impatient de prouver sa reconnaissance à Marie, à la protection de laquelle il devait la victoire. Il saisit l'occasion qui se présentait, en acceptant l'offre des pères Augustins, à la condition que la nouvelle église serait dédiée à Notre-Dame-des-Victoires.

Le 9 décembre 1629, deuxième dimanche de l'Avent, Louis XIII posa la première pierre [1] de

corps de troupes que Louis XIII encourageait de sa présence; la défense fut opiniâtre. Richelieu fit fermer le port par une digue immense qui tenait la ville comme emprisonnée. Les Rochellois ne purent profiter du secours que leur avait envoyé l'Angleterre, et furent obligés de se rendre; les armées royales entrèrent à La Rochelle le 30 novembre 1628.

[1] On adapta aux quatre coins de cette pierre, qui était de marbre noir, des plaques d'argent où l'on avait gravé : 1º l'image de la sainte Vierge, assise, tenant d'une main l'enfant Jésus debout sur ses genoux, et de l'autre main s'appuyant sur un L couronné de France, soutenu par un petit ange et une couronne de laurier ; 2º Saint Augustin, vêtu en moine déchaussé, portant une église de la main droite, et de l'autre un cœur enflammé; 3º Louis XIII revêtu des insignes de la royauté ; 4º les armes de France et de Navarre, surmontées de la couronne, entourées des ordres du Saint-Esprit et de Saint-Mi-

l'église, dont l'archevêque de Paris, Paul de Gondi, bénit solennellement les fondations. Le roi était accompagné des principaux seigneurs de la cour, du corps de la ville de Paris et d'une foule de notables. Il entendit la messe et ne se retira pas sans laisser aux religieux des marques de sa libéralité, en leur promettant sa protection pour l'avenir.

Le monastère ne tarda pas à s'élever à côté de l'église, et les Augustins eurent une habitation qui ne le cédait en rien aux autres couvents du même Ordre. Le nombre des religieux devint considérable, et parmi eux brillèrent souvent des hommes remarquables. Un de ces religieux eut une si grande influence sur la prospérité du monastère naissant, et jouit à cette époque d'une telle célébrité qu'il nous est impossible de ne point lui consacrer quelques pages. Il se nommait Anthéaume; il était né à Marly le 21 février 1609. Il conçut de bonne heure le projet

---

chel. On avait en outre gravé sur le parement de la table ou pierre de marbre, l'inscription suivante, exprimant les motifs qui déterminèrent le pieux monarque à dédier l'église des Petits-Pères, sous le vocable de Notre-Dame-des-Victoires :
« Louis XIII, par la grâce de Dieu, roi très-chrétien de France et de Navarre, vainqueur de l'hérésie et des ennemis de l'État, a voulu élever ce monument à la piété des Augustins-Déchaussés de Paris, et leur ériger un temple sous la protection de la bienheureuse Vierge Marie et sous l'invocation de Notre-Dame-des-Victoires, lequel il dédia l'an du Seigneur 1629, le 9 décembre, de son règne XX. »

d'embrasser la vie religieuse ; mais il dut obéir à ses parents qui lui firent apprendre l'état de potier d'étain. Le jeune Anthéaume, habitant le faubourg Montmartre, se plaisait à visiter les religieux Augustins, alors logés près de saint Joseph. Il les édifia par ses vertus, et leur manière de vivre le ravit tellement qu'il ne tarda pas à obtenir la permission d'entrer dans le monastère recemment transféré sur le nouveau terrain du Mail. En 1632 il fit profession sous le nom de Frère Fiacre. Dans la solitude du monastère, il marcha à grands pas dans les voies de la perfection, et Dieu fit connaître, par des marques extérieures et évidentes, l'éminente sainteté du religieux. La renommée de ses vertus franchit bientôt l'enceinte du couvent, et la cour même s'entretint de la piété et de la mortification du moine Augustin. L'épouse de Louis XIII, Anne d'Autriche [1], était éprouvée par une peine bien vive. Déjà seize années s'étaient écoulées depuis son mariage, et elle n'avait point donné d'héritier au trône de France. Aussi ne cessait-elle d'implorer le ciel avec prières et avec larmes, prodiguant les aumônes, outre la fondation d'un grand nombre de monastères.

La reine confiait souvent ses peines aux reli-

---

[1] Anne d'Autriche, fille aînée de Philippe II, roi d'Espagne, fut mariée à Louis XIII, le 25 décembre 1615. Régente du royaume pendant la minorité de Louis XIV, elle mourut en 1666, à l'âge de 64 ans.

gieux Augustins, dont elle admirait la piété; le Frère Fiacre, touché de sa douleur, adressa à la sainte Vierge de ferventes prières, la suppliant d'obtenir de Dieu, pour la reine, la naissance d'un fils, qui pût calmer les esprits et dissiper les troubles que commençait à faire naître la stérilité d'Anne d'Autriche. La prière du Frère Fiacre fut exaucée, et la sainte Vierge lui apparut, pour l'assurer de la protection qu'elle lui accordait. Voici comment l'auteur de la vie du Frère Fiacre raconte cette apparition [1] : « Le troisième jour de novembre, à l'issue des Matines, environ deux heures après minuit, s'étant retiré dans sa cellule, il se mit en prières à son oratoire: à peine avait-il commencé, qu'il entendit les cris d'un petit enfant; il en fut surpris, et, tournant la tête du côté de la voix, il aperçut la sacrée Vierge environnée d'une douce lumière, ayant trois couronnes sur la tête, les cheveux pendants sur les épaules, revêtue d'une robe bleue semée d'étoiles, assise, tenant un enfant entre ses bras. Ce spectacle le frappa de respect et de frayeur : N'ayez pas peur, mon enfant, dit la Vierge, je suis la Mère de Dieu. Alors il se prosterna pour adorer l'enfant qu'elle tenait entre ses bras, croyant que c'était Jésus-Christ ; mais la Vierge l'en détourna:

---

[1] *La Vie du vénérable Frère Fiacre, Augustin-Déchaussé*, écrite par un auteur anonyme, mais contemporain, puisque l'édition que nous avons consultée porte le millésime de 1722.

L'enfant que je tiens entre mes bras, lui dit-elle, n'est pas mon fils ; c'est le Dauphin que Dieu veut donner à la France. Cette première vision dura un gros quart d'heure ; la vision disparue, ce bon Frère se leva de son oratoire, ouvrit la fenêtre et la porte de sa chambre pour voir s'il n'y avait point quelque enfant dans la rue, ou quelque religieux dans le dortoir ; car il doutait si l'apparition était vraie ; mais ne voyant rien d'aucun côté, il se remit à prier à son oratoire. A peine y fut-il que la crainte d'être trompé le reprit ; elle fut dissipée par une deuxième apparition de la sainte Vierge, et la même voix du premier enfant se fit entendre, mais la Vierge ne lui dit mot. Cette deuxième apparition, qui dura un quart d'heure, lui rendit la première plus croyable ; il se défiait pourtant encore de son jugement et de ses yeux, et il craignait l'illusion. Il recourut de nouveau à l'oraison et sur les trois heures et demie, une troisième apparition succéda aux deux autres ; la Vierge, outre le même enfant qu'elle tenait entre ses bras, avait encore son divin Fils auprès d'elle, brillant de gloire, avec les plaies de ses pieds, de ses mains et de son côté ; la Vierge ne lui parla pas non plus cette troisième fois. Enfin, sur les quatre heures du matin qu'il continuait encore sa prière, elle apparut à cet autre Samuel pour la quatrième fois, et lui dit : Ne doutez plus, mon enfant, de ce que vous avez vu ; pour marque que je veux qu'on avertisse la reine qu'elle fasse trois neuvaines à mon honneur, voilà la même image qui est à Notre-Dame-de-Grâce en Provence et la façon de l'église. Il vit l'image et l'église, et les remarqua bien : l'image, quatre doigts plus haute et plus brune que celle qui est à Notre-Dame de Paris, et l'église, faite en demi-rond, azurée et semée d'étoiles à l'endroit du maître-autel. »

Les supérieurs du Frère Fiacre doutèrent long-temps de la vérité de la vision, et l'empêchèrent d'en donner connaissance à la reine ; mais le Père Bernard [1], avec lequel le saint religieux s'était lié

[1] Claude Bernard, dit le pauvre prêtre, et vulgairement le Père Bernard, était fils d'Étienne Bernard, célèbre avocat de Dijon. Claude naquit dans cette ville le 26 décembre 1588. La vivacité de son imagination, l'enjouement de son caractère, les saillies de son esprit, le firent rechercher dans les meilleures sociétés, dont il aimait à partager les plaisirs. M. Camus, évêque de Belley, lui ayant proposé d'entrer dans l'état ecclésiastique, où il lui eût été facile d'avancer : « Il n'y a presque point de bénéfices dans notre province, à la nomination royale, répondit-il au prélat : pauvre pour pauvre, j'aime mieux être pauvre gentilhomme que pauvre prêtre. » Bernard, comme on voit, avait alors, sur le saint ministère, d'étranges idées. Il s'attacha à M. de Bellegarde, commandant en Bourgogne et gouverneur de Dijon, qui réussit mieux que l'évêque de Belley à lui faire goûter l'état ecclésiastique en promettant de lui procurer des bénéfices ; il l'emmena à la cour, où Bernard se fit bientôt remarquer par les mêmes qualités qui l'avaient rendu l'homme à la mode de sa province. Pendant qu'il partageait son temps entre l'étude de la théologie et la représentation de pièces de société, le P. de Condren, général de l'Oratoire, lui fit comprendre combien

d'amitié, en ayant eu connaissance, avertit la reine de ce qui était arrivé. Anne d'Autriche res-

était blâmable ce mélange de profane et de sacré: Bernard, touché de ses conseils, se prépara plus sérieusement au sacerdoce; il voulut célébrer sa première messe dans la chapelle de l'Hôtel-Dieu, entouré des pauvres qu'il avait invités, au lieu de ses parents. Dès ce moment il se fit appeler le pauvre prêtre, et se consacra entièrement au service des pauvres et des malades dans cet établissement. Il y passa vingt années et ne le quitta que pour entrer à la Charité. Si les malades lui laissaient quelque loisir, il descendait sur la place publique, et là, prêchait hardiment avec une éloquence vive et naturelle qui lui attirait de nombreux auditeurs de la classe du peuple. Ses exhortations étaient soutenues par d'abondantes aumônes, pour lesquelles il trouva des ressources dans le produit d'un héritage de 400,000 livres qui lui survint, et qu'il vendit pour soulager les indigents; pour eux, encore, il faisait des quêtes à la cour et à la ville. Son zèle pour les pauvres et les malades s'étendit aux malheureux détenus dans les prisons. Plusieurs criminels qu'il accompagnait à l'échafaud ou à la potence, touchés de ses exhortations, subirent leur supplice dans de grands sentiments de piété. Au milieu de tous ces exercices si pénibles et si rebutants en apparence, le P. Bernard avait conservé son humeur enjouée qui attirait chez lui des personnes du plus haut rang. Il savait mettre ce concours à profit pour en tirer des contributions destinées à ses charités. Le cardinal de Richelieu le pressant un jour de lui demander quelque grâce : « Monseigneur, « dit-il, je prie Votre Éminence d'ordonner que l'on mette « de meilleures planches au tombereau dans lequel je con- « duis les criminels au lieu du supplice, afin que la crainte « de tomber dans la rue ne les empêche pas de se recom- « mander à Dieu avec attention. » Ce fut au milieu de ces exercices de charité que ce pieux et digne émule de saint Vincent de Paul, son contemporain et son ami, mourut en

sentit une grande joie de cette nouvelle; elle manda le Frère Fiacre et le chargea lui-même de faire les trois neuvaines ordonnées. Le roi instruit de cette révélation, n'en fut pas moins heureux; il envoya de suite le Frère Fiacre en Provence, et consacra bientôt solennellement son royaume à la sainte Vierge. La prophétie eut son accomplissement; neuf mois après, en 1638, la France saluait la naissance du Dauphin. Le roi et la reine témoignèrent de leur reconnaissance par une visite d'actions de grâces à Notre-Dame-des-Victoires. Le Frère Fiacre et le père Bernard remercièrent Dieu de cette grande faveur, et continuèrent, jusqu'à la mort du père Bernard, à vivre dans la plus étroite amitié.

Anne d'Autriche, restée veuve et déclarée régente, fit faire un grand tableau destiné à orner l'église de Notre-Dame-de-Grâce en Provence; le Frère Fiacre fut chargé de porter lui-même ce tableau, et, à peine de retour, il partit en pèlerinage à Notre-Dame-de-Chartres, afin d'obtenir la guérison du roi Louis XIV, gravement malade. Les grands de la cour, les puissants sei-

odeur de sainteté, le 23 mars 1641. Le clergé de France a plusieurs fois sollicité sa béatification. Il avait fondé en 1638 le séminaire des *Trente-Trois*, ainsi nommé des trente-trois années que Jésus-Christ passa sur la terre. Ce séminaire, placé sur la montagne Sainte-Geneviève, était l'un de ceux où se faisaient les meilleures études. — T. D., *Biographie universelle*.

gneurs avaient pour le Frère Fiacre une vénération singulière ; mais son humilité n'en fut aucunement blessée, et ses vertus, de jour en jour plus éclatantes, le faisaient rechercher de tous ceux qui avaient un pressant besoin du secours de Dieu.

La dévotion du Frère Fiacre envers la sainte Vierge était admirable, mais il honorait surtout Marie sous le titre de Notre-Dame-des-Sept-Douleurs. C'était du reste une des plus grandes fêtes de l'Ordre des Augustins-Déchaussés, qui la célébraient le samedi qui précède le dimanche des Rameaux. Suivant les ordonnances des chapitres généraux de l'Ordre, tenus en 1642 et en 1678, cette fête fut déclarée titulaire de la Congrégation [1].

Le Frère Fiacre avait beaucoup contribué à inspirer à la reine Anne d'Autriche une dévotion

---

[1] La fête de Notre-Dame-des-Sept-Douleurs est la plus ancienne de toutes les dévotions à la sainte Vierge. Baillet, dans sa *Vie des Saints,* dit que la dévotion aux douleurs de la sainte Vierge a pris naissance en Orient, que de l'Orient elle passa en Occident du temps des croisades. Les sept nobles de Florence, au commencement du XIIIe siècle, ne formèrent une Confrérie que pour honorer les douleurs de la Vierge, et cette Confrérie fut si nombreuse qu'elle devint un Ordre de religieux appelés Servites ou Serviteurs de Marie ; saint Philippe Benizi, qui entra dans cet Ordre en 1247, établit partout, comme dit le Bréviaire romain, des Confréries pour faire honorer les douleurs de Marie, en Italie, en France, en Flandre, en Allemagne, et un concile de Cologne institua la fête des Sept-ouleurs en 1423.

particulière à Notre-Dame-des-Sept-Douleurs. Elle assistait tous les ans à la solennité qui s'en faisait dans l'église des Augustins, et ce fut là qu'elle eut la pensée d'établir tout à la fois un Ordre pour les dames de la première qualité, et une Confrérie pour le reste des fidèles, sous l'invocation de Notre-Dame-des-Sept-Douleurs. Cette grande reine, déchargée des soins de la régence, voulut employer ses dernières années à honorer Marie compatissante aux douleurs de son Fils. Elle fit part de son projet au Frère Fiacre, qui l'approuva, et ses supérieurs obtinrent du pape Alexandre VII un bref d'indulgences ; la reine donna de son côté des lettres-patentes, et la Confrérie fut établie.

La cérémonie d'inauguration fut fixée au jour même de la fête de Notre-Dame-des-Sept-Douleurs, qui tombait cette année (1657) le 24 de mars. L'église fut parée magnifiquement ; la reine s'y rendit, accompagnée des princesses et de toute la cour. Elle fut admise à la Confrérie par le Père Victor, Provincial, en qualité de protectrice, de chef, de souveraine régente. Les dames de la cour imitèrent son exemple ; l'éloquent Pierre Bertier, de Toulouse, évêque de Montauban, y prêcha avec succès, et je doute qu'il y ait jamais eu de Confrérie érigée avec plus de splendeur que celle-là. Messire François de Harlay, archevêque de Rouen, et depuis de Paris, y prêcha l'année suivante ; la reine, ravie de son éloquence, lui en fit compliment, et le tint, depuis lors, en grande estime ¹.

Il y avait déjà plusieurs mois que Louis XIV était marié, et l'on n'espérait point encore que la jeune reine ² fût bientôt mère ; on eut de nouveau recours au Frère Fiacre, qui fit à cette intention une neuvaine en l'honneur de Notre-Dame-des-Victoires. Le 8 décembre 1660, la sainte Vierge lui apparut accompagnée de sainte Thérèse portant entre ses bras un petit enfant que Dieu voulait donner à la reine. Le Frère Fiacre rendit grâces au ciel de ce nouveau bienfait, et promit de faire plusieurs neuvaines après l'événement.

En attendant, le roi, voulant remercier Dieu de la prospérité de son royaume, chargea le Frère Fiacre de trois pèlerinages à Notre-Dame-de-Chartres ³, à Notre-Dame-de-Grâce en Provence, et à Notre-Dame-de-Lorette en Italie ⁴.

¹ *Vie du vénérable Frère Fiacre*, 172.
² Marie-Thérèse d'Autriche naquit en Espagne le 20 septembre 1638, de Philippe IV et d'Isabelle, fille de Henri IV et de Marie de Médicis. Elle fut mariée à Louis XIV en 1661, à l'âge de 22 ans. Marie-Thérèse mourut en 1683, à la suite d'une saignée faite à contre-temps.
³ Notre-Dame-de-Chartres, magnifique monument de l'architecture ogivale, est un célèbre pèlerinage. On y vient honorer une statue de la sainte Vierge, trouvée dans les fondements de l'église.
⁴ La ville de Lorette, située dans la Marche d'Ancône, en Italie, possède une magnifique basilique où se trouve renfermée la maison dans laquelle la sainte Vierge reçut la visite de l'ange qui lui annonçait sa maternité divine. La maison

Le religieux partit le 1ᵉʳ mars et s'arrêta d'abord à Notre-Dame-de-Grâce¹, d'où il alla à Marseille pour se rendre en Italie. Il visita Savone²,

de Nazareth fut d'abord transportée en Dalmatie en 1291, dans un lieu appelé Rauniza. En 1294, le 10 décembre, le vénérable sanctuaire apparut sur les rives de l'Adriatique, au territoire de Recanats, dans un lieu planté de lauriers ; cette sainte maison fut renfermée dans une église autour de laquelle s'élevèrent plusieurs habitations. Notre-Dame-de-Lorette est aujourd'hui le plus célèbre pèlerinage en l'honneur de la sainte Vierge. Ce sanctuaire béni a été visité par un nombre immense de fidèles de tous rangs, de tout sexe et de toute condition. Les Souverains-Pontifes ont enrichi l'église de Lorette de faveurs spirituelles sans nombre ; les rois et les grands du monde l'ont ornée de présents magnifiques en témoignage de leur reconnaissance pour la protection dont Marie les avait honorés.

¹ Nous avons longtemps cherché ce que pouvait être ce pèlerinage de Notre-Dame-de-Grâce, dont il est parlé dans la *Vie du Frère Fiacre,* mais nous n'avons rien trouvé ni dans les histoires de Provence, ni dans les descriptions topographiques des départements méridionaux de la France. Tout nous porte à croire que l'auteur anonyme de la *Vie du Frère Fiacre* aura confondu Notre-Dame-de-Grâce avec Notre-Dame-de-la-Garde, célèbre sanctuaire dédié à Marie et situé sur une colline élevée qui domine la ville de Marseille. Lorsque les matelots sont sur le point de s'embarquer, ils montent à Notre-Dame-de-la-Garde pour supplier l'Étoile de la mer de leur accorder une heureuse traversée ; et, lorsqu'après et de longs et de pénibles voyages ils rentrent au port sains et saufs, c'est encore à Notre-Dame-de-la-Garde qu'ils vont remercier Celle qui, par sa bienveillante protection, a bien voulu leur obtenir de son divin Fils, le bonheur de revoir leur patrie.

² La petite ville de Savone, située sur le golfe de Gênes, non loin de cette grande cité, dépend du royaume de Sar-

lieu d'un célèbre pèlerinage en l'honneur de la sainte Vierge. Le Frère Fiacre, charmé des merveilles que produisait la dévotion à Notre-Dame de Savone, résolut d'introduire cette dévotion daigne. Cette ville renferme une image de la sainte Vierge qui fut couronnée par Pie VII, en reconnaissance des consolations que lui procura la consolatrice des affligés, lorsque, captif dans cette cité, il demandait avec ferveur le secours du ciel. Notre-Dame-de-Savone est très-célèbre ; on y vient de toutes parts. Il est impossible d'énumérer ici les grâces et les faveurs signalées obtenues par l'intercession de la sainte Vierge honorée sous ce titre.

Voici quelle fut l'origine de cette dévotion : L'an 1536, un samedi 18 mars, Paul III, étant Souverain-Pontife, Antoine Botta, laboureur du village de Saint-Bernard, à une lieue de Savone, descendant au lever du soleil pour laver ses mains dans un ruisseau, aperçut une grande lueur venant du ciel ; il en fut si surpris qu'il faillit s'évanouir ; à travers cette lumière il entendit une voix qui lui dit : Lève-toi, ne crains point, je suis la Vierge Marie ; va trouver ton confesseur, dis-lui qu'il annonce au peuple de jeûner trois samedis ; tu te confesseras et communieras, et le quatrième samedi, tu reviendras en ce lieu. Il y revint ; la sainte Vierge lui apparut encore ; elle était vêtue d'une robe et d'un manteau blanc, avec une couronne d'or sur la tête ; elle lui dit de faire annoncer aux fidèles le jeûne et la pénitence ; l'énormité de leurs vices avait irrité son Fils, et sa colère était prête à tomber sur leurs têtes.

Botta obéit ; il alla raconter au curé, son confesseur, les merveilles qu'il avait vues et ce que la sainte Vierge lui avait ordonné de lui dire. Le curé, homme de bien qui connaissait la vie sainte de son paroissien, n'eut pas de peine à croire à ce qu'il racontait ; cependant, comme il était sage, il examina de près les circonstances d'un événement si singulier, et s'étant convaincu de la vérité du fait, il monta en chaire, publia

en France, bien convaincu que la divine Mère, qui s'était rendue visible en Italie pour la conversion des pécheurs, leur obtiendrait en France la même faveur qu'en Italie. Aussi, dans ce des-

l'apparition de la Vierge, prêcha la douleur et le repentir. Botta, un des premiers, donnant l'exemple de la pénitence, se confessa et communia ; on l'imita ; les vices cessèrent, et la vallée de Saint-Bernard prit une face nouvelle.

La sainte Vierge apparut une troisième fois à l'humble Botta ; elle lui ordonna d'aller à Savone exhorter les peuples à la pénitence, en leur disant tout ce qu'il avait vu. Il communiqua sa troisième apparition à son curé qui, convaincu de la vérité de la révélation, se rendit lui-même à Savone pour en donner avis à l'évêque et aux magistrats. Botta, suivant son conseil, entra dans la ville, et, comme un autre Jonas, prêcha la pénitence dans les places publiques. Dieu est en colère, disait-il ; qu'on fasse pénitence et qu'on change de vie. Le peuple, étonné du zèle et de la hardiesse de ce prédicateur extraordinaire, s'en saisit ; on le mena à l'évêque et aux magistrats ; on l'interrogea, et il répondit avec tant de sagesse et de force, qu'il leur persuada ce qu'il annonçait de la part de la sainte Vierge. Les prédicateurs montèrent en chaire pour annoncer les sollicitudes de la Mère de Dieu, qui les faisait avertir de faire pénitence. On entra dans des sentiments de componction, on s'humilia. Les deux clergés, les magistrats et le peuple allèrent en procession à la vallée de Saint-Bernard, où la sainte Vierge avait apparu à Botta, et, pour conserver à jamais le souvenir d'un si insigne bienfait, on établit une fête solennelle qui se célèbre tous les ans dans la république de Genève, le 18 de mars, en mémoire de cette merveilleuse apparition. Paul III l'a autorisée par sa bulle datée du 4 août 1537. Les magistrats de Savone ont fait élever une magnifique église auprès du ruisseau où la Vierge était apparue ; elle est desservie par les Théatins ; on y a placé une très-belle statue de marbre blanc, enrichie d'une infinité de pierreries ; l'on voit à côté

sein, il résolut de faire exécuter une image toute semblable à celle de Savone pour la placer dans l'église de son monastère.

Il continua son voyage et arriva le 21 mai 1661 dans la capitale du monde chrétien. Il alla se prosterner devant le tombeau des saints Apôtres; puis il fut admis à l'audience du pape Alexandre VII. Après avoir visité la ville éternelle, il sortit de Rome, muni de richesses spirituelles que lui avait données le Saint-Père, et il arriva à Lorette le 21 juin. Comment peindre la joie qu'il ressentit en visitant cet auguste sanctuaire, le bonheur surtout qu'il éprouva à communier dans cette humble maison témoin de si saintes merveilles. Après avoir offert le présent du roi, remis le traité de paix passé entre les deux couronnes de France et d'Espagne, et s'être acquitté de tout ce dont il était chargé, il reprit la route de France par Milan et arriva à Paris en novembre 1661, au moment de la naissance du dauphin. Grande fut sa joie; sa reconnaissance envers Dieu et sa sainte Mère ne fut pas moindre. Lorsque la jeune reine fut rétablie, sa première démarche fut de remercier solennellement la vierge Marie

le portrait d'Antoine Botta à genoux, tenant son bonnet à la main, afin d'exprimer ainsi les principales circonstances de l'apparition. Le concours de toute l'Italie à cette dévotion a été et est encore si grand qu'on a bâti près de l'église un hôpital fameux où les malades de tout pays, de tout âge et de tout sexe sont soignés au nombre de cinq cents.

du grand bienfait qu'elle lui avait accordé. Aussi, le 14 janvier 1662, les deux reines vinrent à Notre-Dame-des-Victoires offrir à la sainte Vierge leurs actions de grâces. Une statue de sainte Thérèse, en relief d'argent doré, tenant le jeune Dauphin entre ses bras et le présentant à la sainte Vierge, fut un témoignage plus durable de leur reconnaissance. Elles donnèrent 100 marcs d'argent pour cette figure, qui fut travaillée par les plus habiles orfèvres du roi. Elles ordonnèrent de plus qu'un petit reliquaire, renfermant des reliques de sainte Thérèse, serait placé dans le socle de la statue. Le Frère Fiacre profita de la bienveillance que lui montrait la reine pour lui parler de Notre-Dame de Savone, en exprimant le vif désir qu'il avait de voir introduire cette dévotion en France. Anne d'Autriche fit faire une statue de marbre blanc représentant l'image de Notre-Dame de Savone; mais cette statue, arrivée à Paris en 1664, demeura dix ans sans recevoir de destination, car le Frère Fiacre avait conçu le projet de fonder, à Montmartre, un nouveau monastère de son Ordre, et d'en consacrer l'église sous le titre de Notre-Dame de Savone. Ce dessein n'ayant pas été mis à exécution, il s'adressa de nouveau à la reine-mère, afin d'obtenir d'elle l'érection d'une chapelle de Notre-Dame de Savone dans l'église de Notre-Dame-des-Victoires. La mort empêcha Anne d'Autriche d'accomplir ce pieux projet.

Louis XIV s'empressa de remplir les dernières volontés de sa mère et chargea Colbert [1], ministre et secrétaire d'État de faire ériger cette chapelle. La construction en fut confiée à l'architecte Claude Perrault, qui l'éxécuta sur les dessins du Vénitien Scasmozzi. Cette chapelle, d'ordre ionique, renfermait la statue de Notre-Dame de Savone, placée sur un piédestal élevé au milieu de l'autel. Au bas se trouvait l'image de Botta. Le 2 avril 1674, la chapelle fut solennellement bénite. Le Frère Fiacre, au comble de ses vœux, se prosterna devant l'image vénérée, et demanda, avec une nouvelle ferveur, à la sainte Vierge, que, dans cette église où son image était placée par une providence particulière, elle fût le refuge des pécheurs, et accordât à la France les mêmes bénédictions qu'aux habitants de l'Italie. On sait s'il a plu à la bonté de Dieu d'exaucer la prière de son serviteur; deux cents ans après, le temple où brillait autrefois l'image de Notre-Dame de Savone devenait un sanctuaire privilégié et la miséricorde divine y faisait éclater ses prodiges par l'intercession du Cœur de Marie.

Le Frère Fiacre n'avait plus rien à désirer; il sentait que son heure approchait; il se recueillit

[1] J.-B. Colbert, marquis de Seignelay, ministre secrétaire d'État et contrôleur général des finances, naquit à Reims, le 29 août 1619. Il obtint la confiance de Louis XIV, et administra avec beaucoup de sagesse. Il mourut le 6 septembre 1683. Il fut assisté à ses derniers moments par Bourdaloue, le célèbre prédicateur.

en Dieu, fit ses dispositions dernières, et se prépara saintement à mourir. Le 16 février 1684, il alla recevoir au ciel la récompense de ses vertus. Il avait acquis, dans le peuple aussi, une réputation de sainteté justement méritée. Car la famille royale ne vint pas seule lui demander le secours de ses prières, mais des personnages de tout rang, de la condition la plus élevée comme la plus humble[1], obtinrent de Dieu ce que le Frère Fiacre avait demandé pour eux. Ce saint religieux contribua beaucoup à la prospérité de son monastère. La dévotion des peuples pour Notre-Dame de Savone devint très-grande, et l'humble église de Notre-Dame-des-Victoires bientôt suffit à peine à la multitude des pèlerins.

Telle est en abrégé l'histoire de la vie de Frère Fiacre. Plusieurs des faits que nous avons rapportés paraîtront prodigieux ; nous les avons pris aux sources les plus authentiques. Du reste, n'oublions pas que Dieu manifeste ainsi sa puissance, en se servant des moindres instruments pour opérer les plus grandes choses ; il ne faut donc pas s'étonner que la prière fervente d'un humble religieux ait obtenu du ciel, pour la France et pour les particuliers, des faveurs si extraordinaires.

---

[1] Le Frère Fiacre était en grande vénération chez les pauvres gens. On avait une grande confiance en ses prières, et après sa mort, on plaça son image dans toutes les voitures de louage, d'où elles prirent le nom de *fiacres*, qu'elles portent encore.

L'histoire de Frère Fiacre, que nous n'avons pas voulu interrompre, nous force à revenir sur nos pas. L'église dont Louis XIII avait posé la première pierre, fut bientôt trop étroite pour le grand nombre de chrétiens qui venaient implorer Notre-Dame-des-Victoires. Les ressources du monastère étant devenues plus considérables, on résolut de construire un autre temple sur des proportions plus larges. Les fondements de la nouvelle église furent posés en 1656 ; mais les travaux traînèrent tellement en longueur, que l'édifice ne fut complétement terminé qu'en 1740. Le 13 novembre, Mgr Leblanc, évêque de Joppé et ancien Augustin-Déchaussé en fit la consécration. Les religieux occupèrent paisiblement les bâtiments du monastère, et desservirent l'église de Notre-Dame-des-Victoires jusqu'en 1789, époque de la suppression des couvents. Ils furent alors obligés de se disperser. Le monastère fut déclaré propriété nationale, l'église s'ouvrit aux assemblées du peuple [1] ; puis elle devint la Bourse jusqu'à l'époque où celle-ci fut transportée au Palais-Royal.

Après le concordat de 1801, lorsque la division ecclésiastique de Paris fut terminée, on érigea une paroisse sous le nom de Saint-Augustin des Petits-Pères [2] ; les offices paroissiaux furent cé-

---

[1] Arrêté du Directoire exécutif du 18 nivôse an IV (8 janvier 1796.)

[2] On se demande pourquoi le nom de Petits-Pères a été

lébrés dans le réfectoire de l'ancien monastère. En 1808, l'église des Filles-Saint-Thomas [1] ayant été démolie pour les fondations de la Bourse actuelle, cette paroisse fut réunie à celle des Petits-Pères, et l'église de Notre-Dame-des-Victoires,

donné aux Augustins-Déchaussés. Les uns disent que c'était à cause de l'exiguité de leurs revenus ; d'autres racontent ainsi l'origine de cette dénomination : Un jour, les Pères Amet et Matthieu de Sainte-Françoise étaient allés présenter leurs hommages à Henri IV. Comme ils étaient de petite taille, le roi, les apercevant dans l'embrasure d'une fenêtre, demanda ce que voulaient ces *petits Pères-là*. Ce nom est resté au monastère, et de nos jours, l'église de Notre-Dame-des-Victoires n'est connue de beaucoup de personnes que sous le nom d'église des Petits-Pères. La place sur laquelle est placé le portail de l'église porte le nom de place des Petits-Pères, ainsi que la rue et le passage qui y aboutissent.

[1] Le monastère des filles Saint-Thomas était placé le long de la rue qui porte ce nom, sur l'emplacement de la place de la Bourse. Les filles Saint-Thomas étaient des religieuses de l'Ordre de Saint-Dominique. Dame Anna de Caumont, épouse de François d'Orléans Longueville, comte de Saint-Pol et duc de Fronsac, obtint du cardinal Barberin, légat d'Urbain VIII, une Bulle, en date du 5 octobre 1625, qui lui permettait de fonder à Paris ou dans les faubourgs, un monastère de religieuses de l'Ordre de Saint-Dominique, sous l'invocation de sainte Catherine de Sienne. Avec l'approbation des archevêques de Paris et de Toulouse, elle fit de cette dernière ville sa mère, Marguerite de Jésus, et six autres religieuses du même Ordre. Elles arrivèrent le 27 novembre 1626, et occupèrent leur monastère en 1642, époque où il fut terminé. Les religieuses furent dispersées en 1792, et leur église, devenue en 1801 église paroissiale, fut démolie en 1808, lorsqu'on jeta les fondements de la Bourse.

rendue au culte en 1810. Elle fut solennellement réconciliée par M. de Rohan-Chabot, ancien évêque de Saint-Claude et de Mende.

Les bâtiments du monastère servirent de caserne comme aussi de mairie au troisième arrondissement. Aujourd'hui, il ne reste que très-peu de chose du couvent des Augustins ; encore ce qu'il en reste doit être prochainement démoli. Depuis dix ans, la rue de la Banque a été percée sur les jardins de l'ancien monastère ; une nouvelle mairie a été construite, et bientôt une caserne remplacera les bâtiments détruits des Augustins-Déchaussés.

L'église de Notre-Dame-des-Victoires, première succursale de Saint-Eustache, est aujourd'hui une église paroissiale du troisième arrondissement civil de la ville de Paris. La circonscription [1] de la paroisse n'est pas très-étendue ; elle contient une population qui n'excède guère le chiffre de 15,000 habitants.

---

[1] La paroisse de Notre-Dame-des-Victoires s'étend depuis le boulevard Montmartre à gauche, la rue Richelieu à gauche en descendant, la rue Croix-des-Petits-Champs, la rue Neuve-des-Bons-Enfants et la rue Baillif, la rue Coquillière, la rue des Vieux-Augustins, et la rue Montmartre jusqu'au boulevard du même nom, toujours en prenant à gauche.

LIVRE II.

ÉTABLISSEMENT ET DIFFUSION DE L'ARCHICONFRÉRIE DU SAINT COEUR DE MARIE.

L'église de Notre-Dame-des-Victoires a été, dès son origine, un sanctuaire privilégié. Nous savons, par les chapitres précédents, qu'un pieux moine y avait établi une dévotion particulière qui ramena à Dieu bien des âmes égarées. Ce temple vit bientôt une affluence considérable de chrétiens; les grâces nombreuses qui y étaient accordées réalisaient la demande du Frère Fiacre. Une confrérie existait dès lors, et le nom de Notre-Dame-des-Victoires avait déjà une grande célébrité.

Le cataclysme qui bouleversa la France à la fin du dernier siècle ayant dispersé les religieux, l'église fut fermée; elle ne se rouvrit que pour servir de lieu de réunion aux assemblées populaires, et pour devenir le temple de Plutus. A la place des saints cantiques, on n'entendit plus que des chants profanes, ou les cris des agents de change proclamant la hausse et la baisse. L'image de Notre-Dame de Savone avait disparu ; mais les murs du temple gardaient comme un parfum céleste, dont la bonne odeur ne devait pas tarder à se répandre et à attirer vers le sanctuaire, réconcilié et rendu au culte, d'innombrables pécheurs heureux de déposer les lourdes chaînes de l'iniquité au pied d'une image non moins glorieuse.

Toutefois, l'instant marqué par la Providence, n'était point encore venu ; l'église, sans doute, se voit rendue à sa sainte destination : la croix brille de nouveau à son faîte. Les autels relevés sont arrosés du sang de la Victime divine; mais, hélas ! combien rares sont les adorateurs du vrai Dieu ; le temple paraît désert même aux jours des solennités les plus augustes. Les ténèbres de l'incrédulité ont obscurci les intelligences, et l'indifférence a glacé les cœurs. La paroisse se compose, en effet, d'une population qui ne s'occupe guère d'intérêts spirituels; les uns s'absorbent dans les préoccupations de la finance et de l'industrie, les autres s'abandonnent aux plaisirs et à leurs folles ivresses; le plus grand nombre ignore le nom de l'église paroissiale et ne connaît même pas de nom son pasteur.

Les années en s'écoulant ne font qu'accroître le mal; des prêtres zélés montent en chaire, mais ils ne voient autour d'eux qu'un bien petit nombre de fidèles, et l'on peut dire que c'est la désolation prédite par le prophète. Il semble que, comme autrefois à Jérusalem, l'esprit de Dieu s'est retiré, et que la prière du Frère Fiacre n'est plus exaucée. Mais la Providence préparait une œuvre magnifique, un de ces grands coups qui éclatent au moment où l'on espère le moins.

Il y a déjà trente ans que la paroisse est établie; l'année 1832 touche à sa fin, le pasteur de Notre-Dame-des-Victoires a cessé de vivre. On lui donne un successeur : c'est un vénérable ecclésiastique accoutumé dès son enfance à aimer, à vénérer Marie. Le cœur enflammé d'un saint zèle pour la gloire de Dieu et le salut des âmes, il ne peut supporter la solitude de son église. Il redouble de prières et d'ardeur, tout est inutile. Quelques années se passent, il attend, rien ne vient; alors le découragement entre dans son cœur; le bon pasteur s'accuse lui-même; il songe dans son humilité à céder la place à un plus digne.

Sous l'influence de cette pensée, qui tous les jours s'empare davantage de son esprit, il monte à l'autel de Marie, le 3 décembre 1836. Mais il est tellement absorbé, dominé malgré lui par sa préoccupation, qu'il récite les prières de la messe machinalement, sans savoir ce qu'il dit; et la violence qu'il se fait pour écarter cette distraction est telle qu'il en éprouve une transpiration des plus abondantes. Le moment de la consécration venu, le vénérable pasteur de Notre-Dame-des-Victoires, cherche à rappeler ses idées, afin d'avoir toute sa liberté d'esprit pour la consommation de l'auguste mystère. Tout à coup il entend ces mots prononcés intérieurement d'une manière distincte : *Consacre ta paroisse au saint Cœur de Marie !* A peine ces paroles furent-elles achevées, que toute agitation cessa ; le calme revint, et il put achever le divin sacrifice sans aucun souvenir de sa distraction.

La messe terminée, M. Desgenettes retourne à la sacristie. En faisant son action de grâces, il se rappelle la contention d'esprit dont il avait souffert, ainsi que les paroles qu'il avait entendues; mais le souvenir lui en est pénible, il n'ose s'y arrêter, car il se croit le jouet d'une dangereuse illusion. Mais voilà que les mêmes paroles, prononcées d'une manière aussi distincte, retentissent de nouveau au-dedans de lui. Que faire ? Il n'est plus possible de douter, il a entendu, il veut éloigner ce souvenir, mais son esprit en est tellement obsédé qu'il est obligé de céder ; il y a là quelque chose d'extraordinaire. M. le curé sort de l'église, il gagne sa demeure, espérant trouver un peu de repos dans la distraction, mais les paroles entendues lui reviennent sans cesse à la pensée; de guerre lasse, il prend une plume et rédige un projet de statuts d'une confrérie en l'honneur du Cœur de Marie. Aussitôt le sujet s'éclaircit; le cercle de ses idées s'agrandit, et bientôt le règlement de la nouvelle confrérie du saint et immaculé Cœur de Marie, se trouve complétement élaboré.

La prière du Frère Fiacre sera de nouveau exaucée ; Marie va devenir encore dans ce sanctuaire béni le refuge des pécheurs ; le trône de la miséricorde de Dieu brillera dans ce temple auguste. L'Archiconfrérie a pris naissance ; mais ce n'est encore que le grain de sénevé. Attendons, ce grain va germer ; il en sortira une petite plante qui bientôt deviendra un grand arbre dont les branches couvriront toute la terre, et à l'ombre duquel viendront se reposer tous ceux qui fatigués, oppressés ou malades des langueurs du péché, y trouveront le rafraîchissement et le remède à leurs blessures.

Les statuts furent soumis à l'approbation de l'autorité diocésaine, qui permit les réunions. Le 11 décembre 1836, deuxième dimanche de l'Avent, on célébra le premier office en l'honneur du Cœur de Marie. L'assistance remplissait presque la nef, et tous ces chrétiens, surpris de se trouver en si grand nombre dans une église toujours déserte, ne pouvaient se rendre compte du motif précis qui les y avait amenés. Après une courte instruction, on chante les Litanies de la sainte Vierge ; tout à coup et spontanément, à l'invotion : *Refuge des pécheurs, priez pour nous*, toute l'assemblée tombe à genoux et répète à trois reprises différentes ce cri de détresse poussé vers Marie. Le bon pasteur, les yeux baignés de larmes, en proie à une émotion inexprimable, se jette aussi au pied de l'autel de Marie et lui fait cette prière : « *O ma bonne Mère ! vous les entendez ces cris de l'amour et de la confiance ; vous les sauverez ces pauvres pécheurs qui vous appellent leur refuge. O Marie, adoptez cette pieuse association; donnez-m'en pour marque la conversion de M. Joly. J'irai demain chez lui en votre nom.* »

L'Archiconfrérie est fondée; les dimanches suivants, à la même heure, les offices ont lieu, mais le nombre des assistants a diminué. Il faut du temps à la graine placée dans la terre pour germer et produire une tige. Pendant une année, quarante à soixante fidèles seulement entourèrent l'autel de Marie; c'était le noyau de cette immense association qui s'étend aujourd'hui de l'orient à l'occident, et la source d'où jaillit ce fleuve dont les eaux arrosent maintenant toute la terre.

Que de contradictions le vénérable curé a dû endurer, que de persécutions il eut à souffrir! La calomnie et la raillerie aiguisent leurs armes. Satan furieux se déchaîne avec force; mais c'est l'œuvre de Dieu, et le génie du mal a beau faire, les desseins de la Providence auront leur accomplissement; il pourra essayer de les combattre, mais non pas les anéantir.

En 1837, M. Desgenettes s'applaudissait déjà d'une immense récolte; les grâces nombreuses accordées aux prières de l'association naissante lui avaient suffisament prouvé que Dieu agréait son œuvre. Aussi voulut-il faire participer la France tout entière aux faveurs spirituelles que Dieu se plaisait à prodiguer à la nouvelle confrérie. Dans ce but, il dressa une requête qu'il porta à l'archevêché de Paris, afin que le premier pasteur du diocèse, l'ayant revêtue de son approbation, la fît parvenir au Souverain-Pontife; mais il reçut un refus sévère. De plus, on lui enjoignit de cesser ses tentatives. Cependant une voix intérieure, à laquelle M. Desgenettes ne put résister, le poussa à de nouvelles démarches. Une requête fut portée à Rome par un ami dévoué; deux princes de l'Église en prirent connaissance et promirent leur protection; puis, tout à coup ils dirent qu'après avoir réfléchi, ils croyaient inutile une démarche auprès du Souverain-Pontife qui ne pouvait accorder une telle faveur.

Malgré toutes ces contrariétés, le zélé pasteur ne se décourage pas; tous ces obstacles lui sont une preuve que l'association établie est l'œuvre de Dieu; il attend, et les prières redoublent. En mars 1838, une dame, aussi distinguée par sa naissance que par sa piété, entend parler, par hasard, de Notre-Dame-des-Victoires et des prodiges opérés dans cette église par l'intercession de la sainte Vierge. Elle se charge elle-même de présenter la requête au Pape. Le souverain pontife, Grégoire XVI de sainte mémoire, écoute avec attention son récit, et tout à coup, inspiré de Dieu, il ordonne de dresser un bref par lequel il crée et érige à perpétuité, dans l'église de Notre-Dame-des-Victoires à Paris, l'Archiconfrérie du très-saint et immaculé Cœur de Marie, pour la conversion des pécheurs. Cette faveur, accordée le 24 avril 1838, n'est pas seulement pour la France : elle s'étend au monde entier.

La tige est sortie de terre et la plante va grandir avec tant de vitesse, que, dans l'histoire du monde entier, dans les annales de l'Église, il n'est rien de comparable à l'étendue et à la rapidité des progrès de cette association. Il faut être bien aveugle pour ne pas y reconnaître le doigt de Dieu.

La nouvelle de l'établissement de la confrérie s'est répandue avec la promptitude de l'éclair. Partout on s'entretient des grâces immenses obtenues à Notre-Dame-des-Victoires. Les chrétiens à l'envi veulent y participer, et ce modeste sanctuaire, naguère si solitaire et si ignoré, devient tout à coup un lieu de pèlerinage célèbre; le nom de cette église, jusqu'alors inconnu, même des habitants les plus voisins, fait le tour du monde, et le temple autrefois trop grand pour contenir le petit nombre de fidèles qui le fréquentaient, devient trop étroit pour renfermer les multitudes qui viennent se presser autour de l'autel de Marie. De toutes les parties du monde arrivent des demandes d'agrégation, et l'heureux pasteur, malgré les mépris, les rebuts, les épreuves de toute espèce, voit se dilater d'une manière inouïe cette œuvre pour laquelle il avait été l'instrument choisi de Dieu. Aujourd'hui l'Archiconfrérie est répandue dans le monde entier.

Ainsi, ce temple abandonné, cette église, dont on pouvait dire que les rues qui aboutissent à elle pleuraient, parce qu'il n'y avait plus personne qui fréquentât ses solennités, ni qui vînt dans son parvis adorer l'Éternel : cette pauvre église, oubliée, ignorée de tous, Marie lui a rendu sa gloire, en la faisant le foyer, le centre d'où découlent les grâces que sa charité, sa miséricorde, répandent sur toute la terre ; elle lui a donné un degré de gloire qu'elle n'avait jamais connu. Son nom est répété d'un pôle à l'autre. De nouveaux temples s'élèvent en différents lieux et prennent, en signe de l'adoption qu'ils ont sollicitée, le nom de Notre-Dame-des-Victoires. Les fidèles ornent à l'envi le sanctuaire de Marie, et mettent une sainte émulation à faire oublier, par leurs pieuses offrandes, cet état de pauvreté qui blessait la vue et attristait la piété. Ils accourent dans ce saint temple; à quelque heure du jour qu'on y entre, on les voit, souvent en grand nombre, prosternés aux pieds de la Mère des miséricordes, et tous déclarent qu'en y entrant ils éprouvent un sentiment, une émotion qu'ils ne ressentent pas dans d'autres églises. Les évêques des contrées les plus reculées s'y donnent rendez-vous. Ils viennent solliciter, de la bonté de celle que le Tout-Puissant a faite la dispensa-

trice de ses trésors, toutes les grâces qui sont nécessaires à leur saint ministère. Un de nos premiers pontifes disait un jour : « Que je suis heu-
« reux d'avoir célébré les saints mystères à cet
« autel ! Que de grâces, que de consolations j'ai
« reçues pendant le divin sacrifice ! Je ne doute
« point que cette église ne soit en peu de temps
« un pèlerinage fréquenté comme celui de Lo-
« rette. Quand on connaîtra les grâces que l'on
« reçoit à cet autel, on y viendra de partout [1]. »

Telle est l'œuvre de Dieu. Au mois d'avril 1840, c'est-à-dire quatre ans seulement après l'établissement de l'Archiconfrérie, il y avait 153 confréries agrégées à Notre-Dames-des-Victoires, et on comptait en France 200,000 associés environ. Le nombre n'a fait qu'augmenter tous les jours, et l'Archiconfrérie s'est développée d'une manière vraiment miraculeuse. En 1842, pas une des cinq parties du monde ne manquait d'agrégations. L'Europe, l'Asie, l'Afrique, l'Amérique et l'Océanie, retentissent des louanges en l'honneur du saint Cœur de Marie ; et des millions de chrétiens sont unis pour faire une douce violence au ciel en faveur de leurs frères malheureux encore plongés dans les ténèbres de l'hérésie ou de l'idolâtrie.

Il est impossible de se taire devant un tel spectacle. Le chrétien admire et s'écrie : « *Magnus Dominus et laudabilis nimis;* le Seigneur est grand et

[1] *Annales de l'Archiconfrérie.*

digne e louanges ! » Et par qui s'est faite cette merveilleuse diffusion ? Par quelques missionnaires, par quelques soldats et même par des ouvriers, qui, témoins des prodiges opérés à Paris, allaient, dans les provinces et dans les pays étrangers, raconter naïvement ce qu'ils avaient vu. Diffusion d'autant plus remarquable qu'elle est due à des moyens plus humbles. Aujourd'hui, l'Archiconfrérie est partout, et, dans tout l'univers catholique, il n'existe peut-être pas un seul diocèse qui ne compte quelques agrégations. Le nombre toujours croissant des confrères est immense : c'est une armée composée de presque tous les peuples de la terre, réunis sous l'étendard de Marie pour faire à Satan une guerre sans trêve ; et l'on peut dire avec vérité que la dévotion au saint Cœur de Marie est un réseau qui enveloppe le monde entier.

Actuellement (1854) l'Archiconfrérie compte 11,450 agrégations. Le seul registre ouvert à Notre-Dame-des-Victoires contient 760,400 confrères inscrits, dont 374,150 noms d'hommes. Il est impossible de savoir le nombre exact des confrères inscrits sur les registres particuliers de chaque agrégation ; mais on peut, sans exagérer, porter le nombre total des associés à plus de 2,000,000.

LIVRE III.

HOMMAGES RENDUS A NOTRE-DAME DES VICTOIRES
PAR LES SOUVERAINS-PONTIFES ET LES FIDÈLES.

CHAPITRE I.

Hommages des Souverains-Pontifes.

De tout temps, les Souverains-Pontifes se sont fait remarquer par leur tendre dévotion envers la sainte Vierge. Ils l'ont prouvée par les faveurs spirituelles et temporelles qu'ils ont accordées aux sanctuaires privilégiés, où la divine mère paraissait avoir établi le trône de sa miséricorde. On peut s'en convaincre par la pieuse vénération qu'ils témoignent pour la maison de Lorette, pour la Vierge de Savone, et tant d'autres sanctuaires répandus dans le monde entier. Les faveurs signalées obtenues par l'intercession de Marie, sous le titre de Notre-Dame-des-Victoires, ne pouvaient manquer d'attirer l'attention des successeurs de saint Pierre.

Toutefois, nous ne trouvons rien de spécial dans la période qui s'est écoulée depuis la fondation de l'église jusqu'à l'établissement providentiel de la dévotion au saint Cœur de Marie. Le pape Alexandre VII, voulant donner son approbation à l'établissement de la Confrérie de Notre-Dame-des-Sept-Douleurs, érigée dans l'église de Notre-Dame-des-Victoires, envoya aux Augustins-Déchaussés un bref d'indulgences, en date du 26 mars 1656. C'est le seul hommage authentique rendu par les Souverains-Pontifes à Notre-Dame-des-Victoires, pendant ce laps de temps assez considérable.

Mais aussitôt que les prodiges de grâces obtenus par l'intercession du Cœur de Marie se furent manifestés, les Souverains-Pontifes s'empressèrent de seconder l'œuvre de Dieu et d'encourager, par une concession magnifique de faveurs spirituelles, les pieux fidèles à continuer à Notre-Dame-des-Victoires leurs prières, récompensées par de si admirables résultats.

Nous avons raconté, dans les chapitres précédents, les difficultés qu'éprouva M. le curé de Notre-Dame-des-Victoires à faire approuver l'association naissante. Nous avons vu de quelle manière la supplique de M. Desgenettes parvint au Souverain-Pontife. Grégoire XVI fit dresser un Bref par lequel il érigea en Archiconfrérie cette petite association de prières en l'honneur du Cœur de Marie.

C'est le premier hommage rendu à Notre-Dame-des-Victoires par le Souverain-Pontife.

Cette première bénédiction du vicaire de Jésus-Christ a rempli l'œuvre naissante d'une sève vigoureuse. A cette première faveur, le Saint-Père en ajouta beaucoup d'autres non moins précieuses. Le nombre des indulgences accordées était considérable.

Les progrès merveilleux de l'Archiconfrérie, son extension prodigieuse, firent naître à M. Desgenettes la pensée d'aller à Rome pour y puiser au tombeau des apôtres et dans le trésor de ces bénédictions dont la chaire de saint Pierre est si riche, de nouvelles forces et toutes les grâces dont il avait besoin ; il lui tardait aussi de témoigner au Saint-Père de sa vive reconnaissance. Il accomplit ce voyage en 1842, et fut reçu avec empressement par le Père commun des fidèles, qui bénit l'Archiconfrérie dans la personne de son directeur ; même, afin de prouver combien cette œuvre était chère à son cœur, il lui donna un corps saint pour être placé sous l'autel du Cœur immaculé de Marie. Ce corps est celui de sainte Aurélie, vierge et martyre [1].

---

[1] L'acte de donation est ainsi conçu : Nous Jos. Castellani, par la grâce de Dieu et du siége apostolique, évêque de Porphyre et gardien du trésor apostolique, attestons à tous ceux qui verront ces lettres, qu'à la plus grande gloire de Dieu tout-puissant et à l'honneur de ses saints, nous avons, par l'ordre de Sa Sainteté Grégoire XVI, souverain pontife, donné au révérend Dufriche-Desgenettes, curé de Notre-Dame-des-Victoires de la ville de Paris, le corps de sainte Aurélie, martyre de nom propre, que nous avons trouvé dans le cimetière de Priscille, avec le vase qui contient son sang, et un marbre

Avant son départ de Rome, le vénérable pasteur reçut encore la bénédiction du Souverain-

sur lequel est gravée cette épigraphe : *Aureliæ bene merenti* (corps d'Aurélie, qui a bien mérité), et que nous avons extrait par l'ordre de notre Saint-Père le Pape, le 18 avril 1842, pour ce corps saint être placé sous l'autel dédié à la très-sainte Mère de Dieu, dans l'église de Notre-Dame-des-Victoires. Nous avons placé avec respect le saint corps dans une châsse de bois, fermée de toutes parts, et entourée de rubans de soie rouge, que nous avons scellée de notre sceau en cire rouge.

Signé : Mgr l'évêque de Porphyre,
et J. Can. Palmiero, secrétaire.

Ce dépôt demeura dans le chœur de l'église de Notre-Dame-des-Victoires jusqu'au 25 mars 1843, jour de l'Annonciation. Dès six heures du matin, le corps de sainte Aurélie, dont la figure et les mains sont recouvertes et modelées en cire, fut exposé à l'entrée du chœur sur une estrade entourée de flambeaux et de vases de fleurs. Un nombre prodigieux de fidèles vinrent lui rendre les hommages de leur vénération. A deux heures et demie, eut lieu la cérémonie de la translation. Mgr Garibaldi, internonce du saint siége apostolique, présida. Le saint corps fut porté processionnellement autour de l'église, sur un brancard, par deux prêtres et deux diacres en aube et en étole, au chant des cantiques; il était entouré et suivi par un grand nombre de prêtres et d'éclésiastiques, auxquels Mgr de Nancy avait bien voulu se réunir. Le corps, arrivé à l'autel, fut déposé sous la pierre du sacrifice. L'autel lui sert de châsse; il fut fermé et scellé du sceau de l'archevêché par M. l'abbé Églée, vicaire général et délégué de Mgr l'archevêque de Paris. L'autel est entouré de glaces, qui permettent de satisfaire la dévotion des fidèles en exposant la sainte relique à leurs regards.

Le Souverain-Pontife fixa la fête solennelle de sainte Aurélie au troisième dimanche après Pâques. Il y a ce jour une indulgence plénière.

Pontife; et, lorsque cette bénédiction fut demandée pour l'Archiconfrérie en particulier, Grégoire XVI s'écria : « L'Archiconfrérie, je suis re-
« connaissant, très-reconnaissant de tout le bien
« qu'elle fait en France et dans toute l'Église ; je
« la bénis, je la bénis, dites-le. » Il prononça plusieurs fois ces paroles : Je la bénis, et chaque fois il traça le signe de la croix.

Le bref apostolique du 24 avril 1838, qui a érigé l'Archiconfrérie, a fixé, pour chaque année, la fête solennelle et principale du très-saint et immaculé Cœur de Marie, et celle de l'Archiconfrérie au dernier dimanche après l'Épiphanie, précédant immédiatement celui de la Septuagésime. Il accorde, pour ce jour, la grâce d'une indulgence plénière à tout confrère qui recevra dignement la sainte Communion.

En 1844, le Souverain-Pontife envoya à l'Archiconfrérie un nouveau Bref, par lequel il transfère à perpétuité au dimanche de la Sexagésime, pour les années où il ne se rencontre qu'un dimanche entre l'Épiphanie et la Septuagésime, la solennité de la fête de l'Archiconfrérie et l'indulgence plénière attachée à cette solennité.

Avant de descendre dans la tombe, le vénérable pontife Grégoire XVI donna encore à l'Archiconfrérie une marque de son attachement en accordant cinq cents jours d'indulgences à tous les fidèles qui assisteront à l'office de l'Archiconfrérie dans les églises et chapelles où elle sera canoniquement érigée.

L'Église a perdu son chef, l'Archiconfrérie son père et son protecteur : Grégoire XVI est allé recevoir la récompense de ses vertus. Un nouveau Pontife s'asseoit sur la chaire de saint Pierre : mais Pie IX a hérité de tout l'amour que son prédécesseur portait à l'Archiconfrérie. C'est à Notre-Dame des Victoires qu'il s'adresse d'abord pour demander à Dieu, par son intercession, de porter dignement cette triple couronne, qui, pour lui, sera aussi une couronne d'épines : Pie IX réclame en sa faveur les prières des confrères du cœur de Marie. Afin de payer à Notre-Dame-des-Victoires son tribut d'hommage et de reconnaissance, il envoie, le 6 juillet 1847, un Rescrit par lequel il fait participer cette église à l'indulgence de la Portioncule [1].

---

[1] Au mois d'octobre 1221, saint François d'Assise, prosterné dans sa cellule, priait Dieu avec larmes pour la conversion des pécheurs, dont le malheureux état l'attristait profondément, lorsqu'il fut averti par un ange d'aller à l'église. Il y trouva Notre-Seigneur Jésus-Christ, sa très-sainte Mère et une multitude d'esprits célestes. Jésus-Christ lui dit : « François, vous et vos frères, vous avez un grand zèle pour « le salut des âmes ; en vérité, vous avez été placé comme « un flambeau dans le monde, et le soutien de l'Église. De-« mandez donc ce que vous voudrez pour le bien et la con-« solation des peuples et pour ma gloire. » François fit cette prière : « Notre Père très-saint, je vous supplie, quoique je « ne sois qu'un misérable pécheur, d'avoir la bonté d'accorder

Le Souverain-Pontife ne se contenta pas de cette première faveur spirituelle. La même année, le

« aux hommes, que tous ceux qui visiteront cette église
« (Sainte-Marie-des-Anges en Italie) reçoivent une indul-
« gence plénière de tous leurs péchés, après s'en être con-
« fessés à un prêtre; et je prie la bienheureuse Vierge, votre
« Mère, l'avocate du genre humain, d'intercéder pour m'ob-
« tenir cette grâce. » Marie inclina son cœur vers son Fils bien-aimé, et il se passa dans ce paradis tout un mystère d'amour. Jésus dit à François : « Cela est grand, mais vous
« recevrez des faveurs encore plus grandes; je vous accorde
« ce que vous demandez, mais que cela soit ratifié sur la
« terre par celui à qui j'ai donné le pouvoir de lier et de
« délier.... » Le lendemain, François alla trouver le pape Honorius III à Pérouse, et lui demanda d'accorder à sa petite église une indulgence qui fût libre, et sans obligation de faire aucune offrande; car alors les Souverains-Pontifes n'accordaient d'indulgence qu'à la condition de faire des aumônes employées à soutenir les croisés pendant la guerre sainte, ou à réparer des églises en ruines. François expliqua la nature de cette indulgence au Souverain-Pontife, qui l'accorda pour chaque année, mais pendant un seul jour....

En 1223, pendant l'hiver, François, tourmenté de l'esprit, se livrait à de grandes mortifications, lorsqu'il fut entouré par une grande lumière; il vit des buissons couverts de roses, il entendit les anges prononcer ces mots : « François, Fran-
« çois; hâtez-vous d'aller à l'église; Jésus-Christ y est, ainsi
« que sa sainte Mère. » Son habit devint très-blanc; il cueillit douze roses blanches et douze roses rouges, et alla à l'église, dont le chemin lui semblait richement orné. Il se prosterna devant le Seigneur, et dit avec une grande expression de foi et de confiance : « Notre Père très-saint, Seigneur du ciel et
« de la terre, Sauveur du genre humain, daignez, par votre
« grande miséricorde, déterminer le jour de l'indulgence que
« vous avez accordée pour ce saint lieu. » Jésus lui répondit

19 décembre 1847, il adressa au directeur de l'Archiconfrérie une lettre admirable, dans laquelle il le félicitait de l'heureuse diffusion de l'Archiconfrérie. Cette lettre était accompagnée de nombreuses faveurs. Afin de rendre à Marie un hommage de reconnaissance pour toutes les grâces qu'elle accorde aux fidèles qui l'invoquent sous le titre glorieux de Notre-Dame-des-Victoires, le Saint-Père accorde à cette église, à Paris, et à toutes celles qui existent et seront érigées sous ce vocable, la grâce d'une indulgence plénière le

qu'il voulait que ce fût depuis le soir du jour où l'apôtre saint Pierre se trouva délivré de ses liens jusqu'au soir du lendemain. Et les chœurs des anges chantèrent le *Te Deum*. François, suivant l'ordre de Jésus-Christ, prit, en l'honneur de la sainte Trinité, trois roses de couleurs différentes, afin que ce fût un témoignage miraculeux auprès du pape.

François partit pour Rome... Il raconta simplement au pape sa merveilleuse vision, et lui présenta les roses. Le pape ratifia l'indulgence accordée aux prières d'un fils soumis à l'Église, et ordonna qu'elle fût solennellement publiée. En effet, la chose fut annoncée dans toute l'Italie, et même au delà, et le deuxième jour d'août 1223, les évêques d'Assise, de Pérouse, de Todi, de Spolète, de Fuligno, de Nocera, de Gubbio, se rendirent à Sainte-Marie-des-Anges, où étaient rassemblés un grand nombre de Frères-Mineurs et une foule immense de fidèles, et du haut d'une tribune extérieure, ils publièrent l'indulgence plénière et perpétuelle.

Histoire de saint François d'Assise, par Emile Chavin, de Malan, 2e édition. 1845.

L'indulgence est appelée de *la Portioncule,* du nom de la chapelle dans laquelle eut lieu la vision dont Dieu favorisa saint François d'Assise.

quatrième dimanche d'octobre, jour où l'on célèbre la fête solennelle de Notre-Dame-des-Victoires.

Sa Sainteté fit plus : afin de propager le culte rendu à Marie sous ce titre glorieux et d'honorer d'une manière particulière le sanctuaire privilégié que la Reine du ciel et de la terre s'est choisi pour en faire le centre et le foyer de ses grâces, elle accorda une indulgence plénière à tous les fidèles pèlerins étrangers à Paris, ou habitant hors de ses murs, qui viendront communier à l'autel du saint cœur de Marie. Enfin Pie IX accorda encore une indulgence de deux cents jours à tous les fidèles chaque fois qu'ils visiteront pieusement l'église de Notre-Dame-des-Victoires et y prieront dévotement devant l'autel du saint cœur de Marie; puis une indulgence plénière à gagner par la communion faite le jour de la fête de saint Joseph, de saint Jean-Baptiste, de saint Jean l'Évangéliste, que le Souverain-Pontife donne à l'Archiconfrérie comme patrons secondaires.

Il semble que là doivent s'arrêter les bienfaits du bien-aimé Pontife que Dieu dans sa miséricorde a donné à son Église, et qu'il est impossible de pousser plus loin les marques de son attachement à Notre-Dame-des-Victoires; car le vicaire de Jésus-Christ aime l'Archiconfrérie, il la chérit. Il ne faut pour s'en convaincre que considérer avec quelle sollicitude il semble interrompre un instant l'attention et les soins qu'il donne aux intérêts de l'Église pour s'occuper d'une petite famille. Un jour Pie IX recevait Mgr Monnet, évêque de Pella, qui était venu à Rome lui rendre compte de sa mission. Le Saint-Père demande avant tout au prélat s'il a eu soin d'établir l'Archiconfrérie dans son diocèse, et sur sa réponse affirmative, Pie IX lui répond les larmes aux yeux : « *L'Archiconfrérie du saint cœur de Marie* « *est l'œuvre de Dieu : c'est une pensée du ciel qui* « *l'a produite sur la terre ; elle sera la ressource de* « *l'Église.* » Paroles prophétiques qui ne tardèrent pas à s'accomplir.

L'Europe était alors placée comme sur un volcan. Les doctrines les plus absurdes, les plus impies, les plus subversives de la société sont enseignées partout, et partout elles trouvent des partisans parce qu'elles flattent les passions et contentent les désirs les plus déréglés. Un esprit d'insoumission et de révolte règne dans tous les pays : Rome elle-même est agitée de toutes ces divisions, et le contre-coup des révolutions se fait sentir jusque dans la ville sainte. Une poignée d'hommes dépravés s'emparent du gouvernement ; on veut imposer au Souverain-Pontife des conditions que son cœur repousse. Ces forcenés se livrent aux dernières extrémités. Le jour de la persécution est arrivé, le bien-aimé père des fidèles est obligé de prendre le chemin de l'exil pour se soustraire aux violences d'un petit nombre de misérables dont l'audace a paralysé de terreur toutes les âmes honnêtes. Pie IX se retire à Gaëte, où il attend des jours moins orageux. L'Église est dans la consternation et la douleur ; son chef souffre, comment ne prendrait-elle pas sa part de son affliction? Les prières les plus ferventes s'élèvent au Ciel de toutes parts. L'Archiconfrérie est dans le deuil, son protecteur et son père est malheureux. Oh ! quelles ardentes prières sont portées par Marie au pied du trône de Dieu. Quelle douce violence font au ciel tous les associés du cœur de Marie, afin qu'il plaise à Dieu de rendre la paix à celui qui les a comblés de bienfaits. Marie sera encore Notre-Dame-des-Victoires, et Pie IX éprouvera une marque bien sensible de sa protection maternelle. Un cri d'indignation retentit de toutes parts, toutes les nations catholiques veulent se mettre en marche pour voler au secours de leur Pontife. La France ressaisit sa vieille épée très-chrétienne, et court la première délivrer le bien-aimé Pie IX. C'est la France qui renversera cette espèce d'anarchie désignée sous le nom de république romaine. Une armée se range sous les murs de la ville éternelle : Rome est prise, et les Français ramènent aux Romains ingrats le vertueux Pontife, dont les sentiments ont été si méconnus.

Pie IX, replacé sur la chaire de saint Pierre, sait bien que si les armées victorieuses de la France lui ont rendu le patrimoine de l'Église, les prières de l'Archiconfrérie n'ont pas peu contribué à obtenir cette victoire. D'abord il accorde à Notre-Dame-des-Victoires une magnifique faveur spirituelle en enrichissant cette église des mêmes indulgences jubilaires que Notre-Dame-de-Lorette [1]. Mais cela ne lui suffit pas, il veut prouver d'une manière plus éclatante sa reconnaissance à la France et sa gratitude à Notre-Dame-des-Victoires.

Dans le trésor des honneurs dont dispose le vicaire de Jésus-Christ, il est un noble privilége, celui de décerner aux images les plus vénérées de la Mère de Dieu une couronne d'or, signe de gratitude et de consécration, dont une fondation pieuse a remis la disposition aux mains du chapitre de l'insigne basilique de Saint-Pierre de Rome [2].

Pour la première fois, ce don magnifique et

---

[1] Cette insigne faveur concédée à Notre-Dame-des-Victoires, à la prière du vénérable M. Desgenettes, est une bien grande marque de la bonté de Pie IX, puisque c'est la première fois qu'elle est accordée par une Bulle à un prêtre séculier non élevé en dignité. Par cette Bulle on peut gagner les indulgences du jubilé à Notre-Dame-des-Victoires, aux fêtes de la Conception, 8 décembre, de la Translation de la sainte Maison de Lorette, 10 décembre, de Noël, 25 décembre, de l'Annonciation, 25 mars, et de la Nativité de la sainte Vierge, 8 septembre.

[2] Relation du Couronnement de la statue de Notre-Dame-des-Victoires, par M. H. de Riancey. Cette relation se trouve à la librairie Ambroise Bray, rue des Saints-Pères, 66.

sacré va être conféré à une image française. Lorsque la statue de Notre-Dame-des-Victoires fut proposée au Chapitre de Saint-Pierre du Vatican, le Saint-Père ne se contenta pas d'applaudir à cette élection, il voulut concourir à l'éclat des couronnes. C'est à sa munificence, imitée par le cardinal Antonelli, que sont dues la richesse et la perfection des beaux joyaux qui décorent aujourd'hui la statue de l'Archiconfrérie [1]. Si pré-

---

[1] Les couronnes de l'Enfant-Jésus et de la sainte Vierge de Notre-Dame-des-Victoires sont en or mat, ornées d'émaux et de pierres fines d'une grande richesse.

La grande couronne destinée à la sainte Vierge a 21 centimètres de diamètre au bandeau, 34 centimètres dans la grande largeur et 37 centimètres de hauteur, y compris le petit globe et la croix qui la surmontent. Le bandeau porte douze étoiles en émail blanc, environnées de petites pierres précieuses, et douze grandes pierres, émeraudes, saphirs, topazes, hyacinthes, aigues-marines, environnées de petites perles. Le bandeau est surmonté de sept têtes d'anges qui supportent les sept pans de la couronne, flanqués de sept écussons en émaux, ornés de pierres fines, et sur lesquels se trouvent, au milieu les armes du Saint-Père, et de chaque côté les armoiries du chapitre de Saint-Pierre, qui a voulu se joindre par un décret spécial aux intentions bienveillantes du Pape. Sur les quatre autres écussons on lit : *Salve, regina.— Honorificentia populi nostri. — Ab hoste protege. — Mortis hora suscipe.* Le globe est ceint d'une bande disposée de haut en bas sur laquelle on lit: *Decreto Capituli Vaticani coronata anno MDCCCLIII.* Enfin la croix se compose de onze diamants.

La couronne de l'Enfant-Jésus a un peu plus de hauteur proportionnellement. Le diamètre du bandeau est de 18 centimètres, le grand diamètre porte 27 centimètres, et la hau-

cieux et si splendide que la richesse de la matière et la délicatesse du travail puissent rendre un pareil don, c'est surtout l'intention du Saint-Père, cette marque éclatante de bienveillance adressée à la France, qui a touché les fidèles. Le jour du couronnement eut lieu le 9 juillet 1853, avec la plus grande solennité. Tout dans la décoration de l'église rappelait que cette faveur accordée au sanctuaire de Notre-Dame-des-Victoires, émanait du siége même de saint Pierre. On avait placé le long des murs des écussons aux armes papales [1]. L'église, ornée de riches draperies,

---

teur totale 33 centimètres. Le bandeau supporte douze croix antiques en émail rouge et douze grandes pierres fines : le tout environné de perles. Cette couronne n'a que six pans au lieu de sept, sans têtes d'anges. Sur les six écussons en émail se trouvent les mêmes armoiries que dans la première couronne, et sur les autres écussons on lit : *Auctor sæculi.— Ortus est sol.— Gratia in labiis tuis*. Le globe est également ceint d'une bande indiquant le décret du Chapitre du Vatican, et la croix se compose de dix diamants.

Le prix des deux couronnes est évalué à 12,000 écus romains, à peu près 65,000 fr. de notre monnaie. (*Univers* du 11 juillet 1853.)

[1] Les inscriptions suivantes, composées par M. Lenormand, membre de l'Institut, étaient placées sur quatre tableaux appendus aux piliers de l'église :

PIVS . PAPA . IX
QVOD . VRBE . SEDITIONIBVS . TVRBATA . OBSESSA . OBPVGNATA
SACRA . INVIOLATA . AEDES . INCOLVMES . RELIGIO . INTEGRA
MANSERVNT

resplendissait de dorures au-dessus du maître-autel ; un pavillon de soie aux couleurs du Sou-

QVOD . IPSE . IN . ACERBITATE . TEMPORVM . EXSILIIQVE
AERVMNIS
DVM . CAIETAE . DEGIT . SPE . NVMQVAM . MINVTA
SOLATIVM . CONSTANTIAM . FIRMITVDINEM . ANIMI . SENSIT
PERSPECTIS . PRAETER . EA . TOT . TANTISQVE . SIGNIS
QVIBVS . IN . HOC . SACELLO . TVTELA . BEATISSIMAE . MARIAE
SOLE . CLARIVS . ELVCET
VIRGINI . DEIPARAE . QVAE . A . VICTORIIS . NVNCVPATVR
BONVM . EXITVM . GRATIAMQVE . REFERENS
IMAGINEM . CELEBERRIMAM . MARIAE . DEVM . INFANTEM
AMPLECTENTIS
AB . ORDINE . REVERENDISSIMO . CANONICORVM . BASILICAE
VATICANAE
CORONIS . AVREIS . DONARI . PROBAVIT
VTQVE . MVNVS . LAVTIVS . SIT
STIPEM . SVAM . BENIGNE . CONTVLIT . V . S . L . M .

1° Le Souverain-Pontife Pie IX reconnaissant de ce que pendant les troubles qui désolèrent la ville de Rome, et pendant le siége qu'elle eut à souffrir, les édifices furent conservés intacts, que les sanctuaires ne furent pas violés, et de ce que lui-même, forcé par le malheur de s'exiler à Gaëte, y goûta la consolation, y reçut la force et le courage, sans jamais avoir vu faiblir son espérance, et de plus rendant grâces des prodiges signalés opérés dans le sanctuaire de Notre-Dame-des-Victoires, par l'intercession de l'auguste Marie, approuva le dessein du vénérable Chapitre de la basilique Vaticane de gratifier de couronnes d'or l'image célèbre de Marie tenant en ses bras le divin Enfant ; et afin que le présent fût plus considérable, il y apporta généreusement son offrande.

PIVS . PAPA . IX

verain-Pontife, jaune et blanc, soutenait de ri-

SACRVM . RITVM . CORONANDAE . IMAGINIS
VIRGINIS . DEIPARAE
QVAE . A . VICTORIIS . NVNCVPATVR
FESTO . VISITATIONIS . S . MARIAE . VIRGINIS
ILLA . IPSA . DIE
QVA . EXERCITVS . GALLICVS
NON . SINE . MITISSIMAE . MATRIS . PATROCINIO
VRBEM . SEDITIONE . LIBERAVIT
ET . PONTIFICI . VIAM . APERVIT . MOX . REGRESSVRO
IV . NON . IVL
PERAGI . IVSSIT

2° Pie IX, pape, ordonna que la cérémonie du couronnement de l'Image de Notre-Dame-des-Victoires fût faite le jour de la Visitation de la sainte Vierge; car, dans ce même jour, l'armée française, aidée de la protection de la douce mère, délivra la ville de Rome et prépara la rentrée prochaine du Souverain-Pontife.

ORDO . CANONICORVM . BASILICAE . VATICANAE
S . PETRO . PRINCIPI . APOSTOLORVM . DICATAE
EX . ANTIQVO PRIVILEGIO . SIBI . A . SVMMIS . PONTIFICIBVS
CONCESSO
FAMA . GRATIAQVE . BENEFICIORVM . COMMOTVS
QVAE . BEATISSIMAE . VIRGINIS . IN . HAC . AEDE . PRAESENTIAM
MANIFESTO . DECLARANT
IN . PRIMIS . QVOD . PONTIFICEM . AVXILLIO . EXERCITVS
GALLICI . REDVCTVM
APOSTOLICAM . SEDEM . CONFIRMATAM . VRBEM . SERVATAM
EIVSDEM . PATRONAE . TVTELAE . LVBENTER . ADSCRIBAT
CORONAS . AVREAS . DONO . MISIT
QVIBVS . SACROSANCTA . IMAGO . VIRGINIS . DEIPARAE
IESVM . INFANTEM . AMPLECTENTIS . A . VICTORIIS . NVNCVPATAE

ches draperies de velours. Au-dessus de la statue de la sainte Vierge, le pavillon et les draperies

SOLEMNI . RITV . REDIMATVR
QVICVMQVE . IGITVR . DEVM . AMANT . ET . EIVS . BENIGNISSIMAE
MATRIS . PATROCINIO . CONFIDVNT
CIVES . MILITES . SACERDOTES
PVERI . ET . SENES . VIRI . ET . FOEMINAE
CONCVRRANT . ADSINT . EXSVLTENT . PLAVDANT
COR . SANCTISSIMVM . ET . IMMACVLATVM . BEATAE . MARIAE
PRECENTVR
GALLIAE . FELICITATEM . ECCLESIAE . LIBERTATEM . CVNCTIS
HOMINIBVS
SALVTEM . FAXIT . DEVS . EXORANTES

3º Le Chapitre de la basilique du Vatican, dédiée à Saint-Pierre, prince des Apôtres, jouissant d'un ancien privilége accordé par les Souverains-Pontifes, touché des faveurs signalées dont la sainte Vierge récompense ceux qui l'invoquent dans ce temple, et reconnaissant de ce que le Souverain-Pontife fut ramené à Rome avec l'aide de l'armée française qui sauva la ville et le siége apostolique, envoya des couronnes d'or destinées à honorer solennellement et à être placées sur l'image de la Vierge-Mère de Dieu tenant son divin Enfant dans ses bras. Que tous ceux qui aiment Dieu et ont confiance dans la protection de la bénigne Mère, citoyens, soldats, prêtres, jeunes et vieux, hommes et femmes, accourent, se réjouissent et soient dans l'allégresse, et prient le cœur très-saint et immaculé de Marie. Que Dieu exaucent les vœux qu'ils feront pour le bonheur de la France, la liberté de l'Église et le salut des hommes.

AVE . REVERENDE . PRAESVL
VENERANDI . PRINCIPIS . BARTHOLOMAEI . PACCAE
S . R . E . CARDINALIS

étaient de gaze tissue d'or du plus riche effet. L'autel de l'Archiconfrérie avait entièrement disparu sous des gradins chargés de lumières et de fleurs, et s'élevant jusqu'à la hauteur de la statue de la sainte Vierge. Autour du chœur brillait, en lettres d'or, ce verset du *Magnificat*, si bien adapté à la fête et au lieu : *Fecit mihi magna qui potens est.*

A dix heures, Mgr Pacca [1] a lu l'indult du pape, qui, à l'occasion du couronnement de la sainte Vierge, accorde des indulgences aux fidèles; il a ensuite, au nom du Chapitre de Saint-Pierre, remis les couronnes à M. le curé et aux

PII . SEPTIMI . DVM . EXSVLAVIT . DVM . VIXIT . SANCTITATI
DEVOTISSIMI . FRATRIS . FILI
TE . DECEBAT . PII . NONI . NVPER . EXSVLIS
ERGA . VIRGINEM . LIBERATRICEM
MANDATVM . EXSEQVI
QVI . FIDEM . CONSTANTIAM . STVDIVM
CAETERASQVE . VIRTVTES . SACRO . MVNERI . IDONEAS
EXEMPLO . DOMESTICO , DIDICISTI

4° Salut, respectable prélat, neveu du vénérable Barthélemi Pacca, prince cardinal de la sainte Église, qui fut tout dévoué à Sa Sainteté Pie VII, dans l'exil et dans toute sa vie. Il vous appartenait bien d'être chargé par Pie IX, naguère exilé, d'apporter un hommage à la Vierge libératrice, vous qui avez appris, par l'exemple d'un de vos parents, à acquérir la foi, le courage, la science, et toutes les autres vertus propres au saint ministère.

[1] Mgr Pacca, chanoine de Saint-Pierre, est le neveu du cardinal Barthélemy Pacca.

autres représentants de l'église Notre-Dame-des-Victoires [1]. Le procès-verbal de cette tradition a été lu et signé; Mgr Pacca est allé déposer les couronnes au pied de la statue de la sainte Vierge; elles y sont restées pendant toute la cérémonie.

La grand'messe a été célébrée par Mgr l'archevêque de Paris [2]. Son Em. le cardinal de Reims [3], plusieurs évêques français et étrangers [4], M. Vecchiotti, chargé d'affaires du Saint-Siége, assistaient à l'office. Après l'Évangile, on a lu en chaire une Lettre circulaire de Mgr l'archevêque de Paris [5] au clergé de son diocèse à l'occasion du couronnement de la statue de Notre-Dame-des-Victoires; on a proclamé les diverses indulgences que le Saint-Père a daigné accorder aux fidèles qui assistaient à la céré-

[1] M. Decaen, maire du troisième arrondissement, MM. Hébert et Horrer, adjoints; le Conseil de Fabrique, composé de MM. le baron de Crousaz-Cretel, caissier général de la banque, Charles Lenormand, membre de l'Institut, Lussigny, oncle et neveu, Sorbet et Camproger.

[2] Mgr Sibour.

[3] Mgr Thomas Gousset.

[4] Mgr Pallegoix, évêque de Mellos, vicaire apostolique de Siam;

Mgr Charbonneau, évêque de Meyssour;

Mgr Kobes, évêque de Modon, vicaire apostolique des deux Guinées;

Mgr Bodichon, évêque des îles Marquises;

Mgr Leherpeur, évêque de la Martinique.

[5] Voyez à l'appendice.

monie et à ceux qui visiteront l'église pendant l'octave. La messe a été chantée en musique avec beaucoup de goût et surtout de gravité et de recueillement. Les cœurs s'unissaient volontiers aux voix pour répéter les paroles enflammées du *Gloria in excelsis*, et les énergiques protestations du *Credo*.

Les pompes de la religion sont toujours éloquentes, et celle-ci avait une signification particulière sous nos yeux. Derrière le maître-autel était représenté le vœu de Louis XIII, ce vœu qui mit notre patrie sous la protection spéciale de la sainte Vierge, qu'on allait tout à l'heure, au nom du Saint-Père, couronner comme souveraine et reine bien-aimée de la France, malgré toutes les révolutions.

Du reste, ces couronnes et les divers emblèmes n'étaient pas seuls à rappeler la pensée du Souverain-Pontife; tout parlait de lui dans cette église, et sa pensée était présente à tous les esprits. On avait réservé des places pour les officiers [1] et les soldats de l'armée romaine, décorés par le Saint-Père. Leur foule pressée attestait de la fidélité de leurs souvenirs; et, comme pour marquer davantage l'influence bienfaisante du

---

[1] Le général Oudinot de Reggio, le général Gemeau, soixante officiers généraux et supérieurs de l'armée d'Italie. On avait envoyé à la cérémonie des détachements des 32e et 36e régiments de ligne, du 13e léger et des chasseurs de Vincennes, qui ont pris part à l'expédition de Rome.

Saint-Père sur notre armée ; pour rappeler ces relations si bienveillantes et si cordiales où le Pontife se complaît encore chaque jour pour faire souvenir des événements si graves et si glorieux où les soldats français ont été mêlés à la destinée de Pie IX, un détachement de ligne, sous les armes, assistait à la messe. Le roulement du tambour, si majestueux dans les églises, et le bruit solennel des armes se mêlaient aux voix et aux instruments, chantant les louanges de la victime immolée sur les autels.

Après la messe, Mgr Pacca, escorté de tout le clergé, est monté vers la statue, au chant du *Regina cœli* et du *Te Deum*. Il a placé les deux couronnes sur la tête de l'Enfant divin et sur celle de sa Mère très-sainte et immaculée. Mgr l'archevêque de Paris est allé ensuite encenser la statue couronnée. Les ornements d'or, les fleurs, les lumières éclataient sur cette estrade ; mais ce qui éclatait davantage, ce qui rayonnait, ce qui s'épanouissait avec ivresse, c'était le sentiment de piété dans le fond des cœurs. Nous ne pouvons rendre un compte fidèle de cette touchante cérémonie ; toute l'ordonnance en a été simple, grande et recueillie. Cette foule a aimé Dieu durant tout l'office ; elle l'a aimé ardemment et généreusement ; elle a prié avec délices. L'âme était soutenue et portée, pour ainsi dire, par toutes ces joyeuses et ardentes prières, que la sainte Vierge sans doute voulait bien regarder avec amour. On connaît cette communication des âmes dans les assemblées chrétiennes où la dévotion est enflammée. On l'éprouvait à Notre-Dame-des-Victoires ; on se sentait meilleur et plus près de Dieu. Lorsque la cérémonie a été achevée, et que les places du milieu de l'église, occupées par les représentants de l'armée et les divers membres du clergé, Dominicains, Capucins, Bénédictins, Jésuites, chanoines, curés et prêtres de Paris, commencèrent à se vider, la foule, du fond de la nef, montait en silence et avec recueillement, venait s'agenouiller et prier devant la statue de la grande reine Marie, à jamais couronnée dans les cieux, à jamais bénie sur la terre.

Pendant les vêpres, le Père Corail, de la compagnie de Jésus, célébra, dans un éloquent discours[1]. les grandeurs de Marie. Le soir, une multitude immense de fidèles, vint rendre à la Vierge couronnée, ses hommages de reconnaissance et d'amour. Et cette belle journée se termina dans la joie et le bonheur.

Rien d'ailleurs n'avait manqué à cette solennité. Elle devait avoir lieu le 2 juillet, fête de la Visitation et jour anniversaire de la rentrée de Pie IX à Rome. Un contre-temps inattendu a rompu une coïncidence qui paraissait bien touchante. La cérémonie a eu lieu au jour de l'oc-

---

[1] Ce discours a été imprimé séparément, il se trouve à la librairie Ambroise Bray, rue des Saints-Pères, 66.

tave de cette fête, et ce jour-là l'Église romaine célèbre une autre fête de la sainte Vierge, sous le beau vocable de : *Festum prodigiorum beatæ Mariæ virginis*. C'est cet office que le Chapitre de Saint-Pierre de Rome a récité pendant qu'on couronnait, à Paris, la statue de l'Archiconfrérie. Le jour de la fête des Miracles de la sainte Vierge n'a-t-il pas été heureusement choisi pour le couronnement de Notre-Dame-des-Victoires.

O Reine des miracles, priez pour nous [1] !

[1] *Univers* du 10 juillet 1854.

CHAPITRE II.

Hommages rendus à Notre-Dame des Victoires
par les Fidèles.

Les Souverains-Pontifes ne furent pas les seuls à honorer Notre-Dame-des-Victoires par les faveurs spirituelles et temporelles qu'ils lui ont prodiguées; je vois aussi s'avancer sur leurs traces les princes de l'Église et de l'État, les évêques, les prêtres, les religieux, les seigneurs, les ducs, les princesses et toutes les sommités de la société du royaume très-chrétien de France et des pays étrangers, les hommes les plus distingués par leurs vertus et par leurs talents, les fidèles de toutes les conditions, de tous les âges.

L'église de Notre-Dame-des-Victoires était à peine construite, que déjà les grands de la terre rendaient à la Vierge Marie leurs pieux hommages. Le Dauphin venait de naître, la reine, épouse de Louis XIII, impatiente de prouver à Dieu sa reconnaissance pour l'enfant qu'il lui avait accordé, vint de Saint-Germain à Paris remercier Dieu et la sainte Vierge dans l'église des Augustins-Déchaussés. Il était juste, du reste, que là où s'était faite la révélation, se fissent aussi les actions de grâce.

Du reste, toutes les dames de la cour, les princesses elles-mêmes venaient assidûment visiter l'église de Notre-Dame-des-Victoires, la source déjà de tant de grâces. Ainsi la duchesse d'Orléans, Marguerite de Lorraine, étant sans postérité mâle, désirait depuis longtemps avoir un fils; elle s'adressa à Notre-Dame-des-Victoires, et bientôt se vit exaucée, car elle accoucha le 17 août 1650 du duc de Valois. Gaston d'Orléans, son père, regarda cette naissance comme miraculeuse, et en reconnaissance il fit exécuter une figure de l'ange gardien en argent, tenant par la main le petit prince et le présentant à la sainte Vierge. Cette figure, posée sur un piédestal de bois d'ébène, renfermait un reliquaire d'argent, elle fut placée dans l'église des Augustins-Déchaussés, devant l'autel de la sainte Vierge. Nous avons dit, en racontant l'histoire du Frère Fiacre, que c'était aux prières faites à Notre-Dame-des-Victoires par le saint religieux que la reine, épouse de Louis XIV, était redevable du fils qu'elle avait mis au monde, et qu'en reconnaissance elle donna à Notre-Dame-des-Victoires un magnifique *ex-voto*, représentant sainte Thérèse présentant à Marie le Dauphin que sa toute puissante protection avait valu à la France.

Lorsque Louis XIV eut accompli le vœu de sa

mère et que la chapelle de Notre-Dame de Savone fut construite, les grâces obtenues par l'intercession de la sainte Vierge, invoquée sous ce titre, attirèrent à Notre-Dame-des-Victoires des fidèles de tout rang, de tout sexe et de toute condition. L'église s'enrichit des magnifiques présents offerts à Marie par tous ceux qui avaient éprouvé les marques de sa protection. Jusqu'à l'époque de la suppression du monastère et la fermeture de l'église, l'image de Notre-Dame-de-Savone ne cessa pas un seul instant de recevoir l'hommage d'un grand nombre de fidèles, et déjà, à cette époque, ceux qui avaient un pressant besoin du secours du Ciel ne manquaient pas de venir prier dans l'église de Notre-Dame-des-Victoires.

Après la Révolution, la dévotion à Notre-Dame-des-Victoires semblait anéantie. En effet, qui connaissait cette église? qui songeait à venir demander la protection de la Mère de Dieu dans ce sanctuaire privilégié, témoin jadis de tant de prodiges. Mais il a plu à la divine Providence de rendre à ce temple toute sa célébrité, et même de lui donner un éclat plus grand encore. A peine l'Archiconfrérie est-elle établie, que l'affluence des fidèles recommence, et qu'une longue suite de chrétiens viennent offrir leurs hommages à celle qui compatit si tendrement à leurs besoins.

Il est impossible de raconter en détail les hommages rendus de nos jours à Notre-Dame-des-Victoires, par les fidèles de tous les pays, de toutes les conditions. Le nom de Notre-Dame-des-Victoires a fait le tour du monde. Les pontifes de l'Église de France, les évêques étrangers, les vicaires apostoliques de toutes les missions de l'Asie, de l'Afrique, de l'Amérique et de l'Océanie que leurs affaires amènent à Paris ne tardent pas à venir se prosterner devant l'autel du saint Cœur de Marie.

Le premier prélat qu'on vit offrir à Marie l'hommage de sa reconnaissance fut, en 1839, Mgr Gellis, évêque de Liméria, coadjuteur d'Édimbourg en Écosse. Depuis, un nombre considérable de prélats distingués ont suivi son exemple, et à mesure que l'Archiconfrérie prenait une plus grande extension, et que les prodiges opérés à Notre-Dame-des-Victoires étaient connus, on voyait d'illustres évêques se trouver heureux de présider les offices du saint Cœur de Marie et de célébrer les saints mystères sur l'autel qui lui est consacré.

En 1840, l'église de Notre-dame-des-Victoires reçut la visite de NN. SS. les évêques de Babylone et de Sydney en Australie. Son Eminence le cardinal de Bonald, archevêque de Lyon, officia pontificalement le jour de la fête patronale de l'Archiconfrérie, et Mgr Charvaz, évêque de Pignerol, en Piémont, assista aussi à l'office.

En 1841, Mgr l'archevêque de Bordeaux officia

à la messe [1] de la fête du saint Cœur de Marie, et Mgr Affre, archevêque de Paris de glorieuse mémoire, qui gouvernait depuis peu de temps l'église fondée par saint Denis, présida aux vêpres et voulut consacrer à Marie les prémices d'un épiscopat qui fut couronné par le dévouement le plus sublime. Au mois de juin de la même année, Mgr Bourget, évêque de Montréal, au Canada, vint, dans sa pieuse reconnaissance, remercier Marie pour les bienfaits que son diocèse avait reçus de l'établissement de l'Archiconfrérie. Au nom de tous ses diocésains, il offrit un cœur d'argent, qu'il déposa sur l'autel, comme un témoignage permanent des faveurs que la divine Mère lui avait accordées. Un autre missionnaire, non moins zélé, Mgr Rouchouse, évêque de Nilopolis et vicaire apostolique d'une partie de l'Océanie, suivit de près son vénérable collègue. Il avait aussi des actions de grâces à rendre au Cœur immaculé de Marie.

En 1842, une longue suite de prélats successivement ou même simultanément visitèrent le sanctuaire béni de Notre-Dame-des-Victoires. Mgr Bonamie, archevêque de Chalcédoine, célébra l'office de la fête patronale auquel assistèrent NN. SS. l'archevêque de Bordeaux et l'évêque du Mans. Dans le cours de la même année, l'église de Notre-Dame-des-Victoires reçut la visite des

[1] Au livre suivant, nous rapportons la guérison miraculeuse de Mgr l'archevêque de Bordeaux, arrivée en ce jour.

évêques de Nancy, d'Alger, de Joppé, de Saint-Dié, de Tulle, de Londres et d'Halifax. Mgr Rouchouse, évêque de Nilopolis, vint de nouveau faire à Marie la consécration solennelle de sa mission, ainsi que Mgr Pallegoix, évêque de Mellos, vicaire apostolique de Siam, et le vénérable vicaire apostolique de l'empire des Birmans.

Mgr Hugues, évêque d'Héliopolis, vicaire apostolique de Gibraltar, rendit grâces à Marie devant l'autel de son saint Cœur, de ce qu'il avait vu tomber les fers dont l'avaient indignement chargé l'hérésie et l'impiété.

En 1843, Marie vit au pied de l'autel de l'Archiconfrérie un grand nombre de prélats : ce furent NN. SS. les archevêques d'Alby, de Tours, les évêques d'Ajaccio, de Clermont, de Metz, l'ancien évêque de Strasbourg, Mgr Tharin, de Constantinople, de Londres, de Troie, *in partibus infidelium;* d'Amatha, vicaire apostolique de l'Océanie, de Constantine, vicaire apostolique des deux Guinées, de Boléria, coadjuteur de Louisville aux États-Unis. NN. SS. d'Avignon, de Nancy et de Saint-Flour, vinrent de nouveau rendre au Cœur de Marie leurs hommages de reconnaissance et d'amour.

La fête patronale de Notre-Dame-des-Victoires, le quatrième dimanche d'octobre, fut célébrée en 1844 par Mgr Menjaud, évêque de Joppé et coadjuteur de Nancy. Son Excellence le Nonce du Saint-Siége vint à Notre-Dame-des-Victoires officier le jour de la Conception; Mgr l'archevêque de Paris présida la réunion du soir. Les offices de l'Archiconfrérie furent successivement présidés pendant cette année par les évêques de Nancy, de Pittsburg en Amérique, et le coadjuteur de Lancastre en Angleterre.

En 1845, Mgr l'archevêque de Bordeaux officia de nouveau pontificalement le jour de la fête du saint Cœur de Marie. Sa Grandeur fit une touchante allocution qui précéda une cérémonie particulière, à laquelle était accourue une foule très-considérable de fidèles [1].

[1] C'était la bénédiction solennelle d'une statue de pierre en tout semblable à la sainte image de Marie que l'on vénère à Notre-Dame-des-Victoires, et que l'Archiconfrérie envoyait en présent à sa sœur la Confrérie d'Alger, pour être placée dans l'église Notre-Dame-des-Victoires à Alger. Nos confrères ont le droit de savoir ce qui motiva le don de cette statue, puisqu'ils ont contribué à son achat. Le gouvernement français avait cédé à Mgr l'évêque d'Alger une mosquée de cette ville pour être convertie en église. Le pieux prélat en fit la consécration et la dédicace, sous le titre de Notre-Dame-des-Victoires, comme il en avait pris l'engagement solennel, le dimanche 16 janvier 1842, au pied de l'autel du Cœur Immaculé de Marie. Le même jour, il bénit la cloche de cette église; et, pour donner un témoignage de son affection à l'Archiconfrérie, il voulut que le directeur en fût le parrain en son nom. Le vénérable pasteur de Notre-Dame-des-Victoires était loin de s'attendre à cet honneur, quand, dans les premiers jours de mai, il reçut une lettre du prélat qui, après la cérémonie, lui en écrivait tous les détails. L'église était consacrée, mais elle était nue et découvrue de tout ornement. « Nous n'avons, disait-il, qu'une

Pendant cette même année, les visites des évêques à Notre-Dame-des-Victoires furent très-nombreuses. Ainsi les exercices du dimanche soir furent présidés par plusieurs prélats déjà cités et par NN. SS. les évêques de Strasbourg, de Quimper, de Saint-Flour, de La Rochelle, de Luçon, de Verdun, de Nîmes, d'Amiens, de Texas, de New-York. L'archevêque de l'Orégon

pauvre statue de la sainte Vierge, si petite qu'à peine peut-on l'apercevoir. » Puis il ajoutait, avec son aimable franchise : « J'ai une pensée ; je forme un désir, et je n'éprouve aucune difficulté à vous les confier : c'est que l'Archiconfrérie nous fasse présent d'une statue, mais qui soit semblable à celle qui repose sur l'autel si vénéré de Notre-Dame-des-Victoires. Vous la bénirez, je tiens à cela, mon cher Curé, auprès de l'autel et à l'office de l'Archiconfrérie, puis vous me l'expédierez. Nous n'avons que ce moyen d'enrichir notre église, car nous ne pouvons faire exécuter la statue à Alger, et nous sommes trop peu riches pour en acheter une. »

Cet appel à toutes les sympathies de l'Archiconfrérie ne pouvait manquer d'être entendu par son directeur. Aider dans sa pauvreté une église autrefois si glorieuse, et sortant aujourd'hui de dessous les ruines dont l'impiété, l'infidélité, l'avaient couverte ; donner à notre sœur chérie un gage de notre amour et du tendre et pieux intérêt que nous lui portons, envoyer dans cette nouvelle France la sainte image de notre glorieuse et bonne Mère ; attacher par ce présent le sceau de la perpétuité aux vœux ardents que nous offrons à la Reine du ciel et de la terre pour le salut, la conversion, la prospérité de tous nos frères, fidèles et infidèles, répandus en si grand nombre dans ces vastes régions ; offrir enfin à ces pauvres infidèles, qui ne connaissent point notre auguste Mère, et qui pourtant, par une sorte d'instinct, la vénèrent et ne parlent d'elle qu'avec respect, la nommant la

en Amérique, l'évêque de Perth, vicaire apostolique de l'Australie, celui de Colomby, vicaire apostolique de la Mantchourie-Tartarie et de Lymira. Tous les prélats missionnaires donnèrent aux fidèles les détails les plus intéressants sur les progrès de la religion catholique dans les diocèses et dans les missions dont ils sont chargés.

Nous sommes obligés de nous arrêter et de clore la liste de tous les prélats qui sont venus rendre leurs hommages à Notre-Dame-des-Victoires. Le même empressement dure toujours; ce qui précède suffit pour montrer le zèle avec lequel tant de vénérables évêques accourent se prosterner devant l'autel du Cœur de Marie, afin d'en recevoir les grâces et les secours nécessaires

dame Marie, *lélé Mariam;* leur offrir un objet qui leur parle de cette bonne Mère et les aide à acquérir le bonheur de la connaître, tels lui ont semblé devoir être les vœux, je dirai presque le devoir de l'Archiconfrérie. Il les a accomplis en confiant à un artiste pieux et habile le soin de faire une statue de six à sept pieds. La statue a été apportée à Notre-Dame-des-Victoires, et placée à côté de l'autel du Cœur Immaculé. Elle y est restée un mois. Mgr l'évêque d'Alger avait désiré qu'elle fût bénite par le directeur de l'Archiconfrérie; mais Mgr l'archevêque de Bordeaux était à Paris; M. Desgenettes jugea plus convenable que ce vénérable pontife, qui a été le père spirituel de l'apôtre de l'Algérie, qui lui a donné la consécration épiscopale, et naguère a visité cette nouvelle France, remplît lui-même cette sainte fonction. Le prélat se rendit à ses vœux, et il fit la bénédiction à l'office du saint Cœur de Marie, en présence de nombreux fidèles que l'on pouvait évaluer à quatre mille environ.

pour porter dignement le lourd fardeau que la divine Providence a placé sur leurs épaules. Toutefois, qu'on nous permette de dire qu'il ne se passe pas un mois sans que l'office de l'Archiconfrérie ne soit honoré de la présence d'un prélat français ou étranger.

Nous ne pouvons nous empêcher de mentionner ici l'éclatant hommage rendu à Notre-Dame-des-Victoires par un zélé et fervent missionnaire. Mgr Benedict Truffet, nommé évêque de Callipolis et vicaire apostolique de la Guinée, voulut être sacré dans l'église de Notre-Dame-des-Victoires. La cérémonie de la consécration eut lieu le 25 janvier 1847, jour de la conversion de saint Paul.

Ce ne sont pas seulement les prélats les plus éminents de l'Église qui viennent présenter leurs hommages à Notre-Dame-des-Victoires, mais les prêtres, les congrégations religieuses, les associations pieuses et les fidèles de tous rangs, de tout sexe et de toutes conditions.

Les missionnaires, appelés à porter aux pays infidèles la bonne nouvelle de l'Évangile, viennent chercher au pied de l'autel de Marie la force nécessaire pour souffrir courageusement les épreuves auxquelles ils se dévouent, et le martyre même, s'il plaît à Dieu de leur accorder cette récompense; et, lorsqu'ils reviennent, après avoir longtemps travaillé à défricher la vigne du Seigneur, c'est encore à l'autel du Cœur de Marie qu'ils déposent l'hommage de leur reconnaissance pour les grâces qu'ils ont reçues, et dont ils ont été le canal.

Plusieurs de ces zélés serviteurs de Dieu montent en chaire et racontent aux fidèles les épreuves qu'ils ont eu à endurer, les combats qu'ils ont livrés pour convertir les infidèles. Le récit de leurs travaux intéresse au plus haut point les associés du Cœur de Marie, et toujours l'instruction se termine par un hommage à la bonne Mère et un appel à la pieuse charité des fidèles.

Il nous serait difficile de donner le nom de tous ces apôtres vénérables qui tour à tour édifièrent la pieuse assemblée de Notre-Dame-des-Victoires. Qu'il nous suffise de rappeler l'impression produite en 1844 par M. Leleu, supérieur de la mission de Saint-Lazare à Constantinople, et par M. Timon, supérieur des missions d'Amérique, et vicaire général du diocèse de Saint-Louis à la Nouvelle-Orléans.

Il n'est, du reste, pas un seul prêtre étranger à la capitale qui ne sollicite, avec un saint empressement, le bonheur de célébrer les saints mystères sur l'autel du saint Cœur de Marie, lorsqu'il peut, pèlerin attendri, visiter l'église de Notre-Dame-des-Victoires.

C'est au pied de l'autel de Marie que s'est formée, il y a dix ans, cette société de prêtres vénérables, qui se dévouent à la conversion et à la civilisation des noirs. Le pieux fondateur [1] a voulu que la société prît le nom du Cœur Immaculé de Marie, afin que tous les membres qui la composeront aient pour ce Cœur si pur et si miséricordieux un attachement sans bornes, et que, dans leurs pénibles travaux, leur cœur soit rempli du même amour et de la même charité dont le cœur de Marie brûle pour les hommes.

Voici venir les associations religieuses de Saint-François-Xavier, de Saint-Maurice, de la Sainte-Famille, de Saint-Jean-l'Évangéliste, de Saint-Luc, de Saint-Paul, qui s'empressent de rendre hommage à Notre-Dame-des-Victoires, en se consacrant à son Immaculé Cœur.

Le 15 octobre 1844, l'association des ouvriers de Saint-François-Xavier de la paroisse Saint-Sulpice, conduits par les enfants du vénérable de La Salle, vinrent se consacrer solennellement à la Mère de la divine miséricorde. Une messe d'actions de grâces fut chantée en musique; un cœur, offert par eux, fut bénit et suspendu à l'autel de Marie, et plus de six cents d'entre eux participèrent au divin banquet. Le 19 mai suivant, les ouvriers de la paroisse de Saint-Pierre du Gros-Caillou, offrirent aussi, à Marie, un cœur, emblème de leur reconnaissance et de leur amour. Cet exemple fut suivi par les confréries des ouvriers de la Madeleine, de Saint-Philippe-

[1] M. Libermann, supérieur du séminaire du Saint-Esprit, mort il y a quelques années.

du-Roule, et par un grand nombre de sociétés religieuses dont il serait long et fastidieux de donner les noms.

Une pieuse association de militaires s'était formée sous le patronage de saint Maurice, l'illustre chef de la légion thébaine; ils accoururent aussi se consacrer au Cœur de Marie, en offrant à cette bonne mère, comme gage de leur dévouement, un cœur orné d'emblèmes guerriers. Près de trois cents militaires se trouvaient réunis; un grand nombre fit la sainte communion. Ce touchant spectacle émut à un tel point ceux qui étaient présents, qu'un brave officier détacha de sa poitrine le signe de l'honneur, et vint le déposer sur l'autel de Marie, afin que sa croix fût attachée à l'*ex-voto* des militaires.

Comment pourrions-nous donner le détail exact de tous les hommages rendus à Notre-Dame-des-Victoires par cet immense quantité de fidèles, qui tous les jours viennent se prosterner devant l'autel de l'Archiconfrérie. Il suffit de savoir que les murs de l'église sont couverts de cœurs offerts par les chrétiens de tous les pays, en souvenir de quelque bienfait de Marie. Qu'on lise aussi les nombreux *ex-voto* [1] attachés aux

---

[1] Voici quelques-unes des inscriptions placées sur ces *ex-voto*. Elles rappellent toutes une grâce différente obtenue de la bonté de Marie :

Gloire et reconnaissance à Marie, qui
a exaucé mes prières.
24 mai 1851.

piliers et aux murailles du temple sacré, et qui tous rappellent une faveur spirituelle ou tempo-

Infirmus, Mariam precatus sum et
fortissimus surrexi.
1845.

Refugium peccatorum.—J'ai invoqué N.-D.-des-Victoires
J'ai été exaucé.
Juin 1849.

L'Union maritime
à
N.-D.-des-Victoires et à saint Joseph.
Témoignage de confiance sans bornes et de
reconnaissance éternelle,
9 juillet 1853.

Très-sainte Vierge, Reine des cieux, vous m'avez
rendu ma mère
le 7 et 8 septembre 1853.

Qui te invenerit, hauriet salutem a Domino 1853.

Mère affligée, j'ai prié N.-D.-des-Victoires, elle
m'a rendu ma fille.
Elbeuf, le 26 novembre 1847.

Hommage à Marie, N.-D.-des-Victoires. Au mois de mai 1852, j'ai imploré Marie pour obtenir une grâce importante ; au mois de juin 1853, j'ai obtenu la grâce demandée. Honneur, gloire et bénédiction à Marie. Affligés, qui que vous soyez, venez implorer Marie, N.-D.-des-Victoires dans son sanctuaire ; elle vous consolera, vous soulagera.
Juillet 1852.

Soyez bénie à jamais, ô Mère ; je vous ai invoquée
pour ma fille mourante, et elle m'a été miraculeusement
rendue.
Saint-Germain-en-Laye, 7 février 1853.

4.

relle accordée par Marie aux prières ferventes de ses enfants bien-aimés.

Une chose digne de remarque c'est l'empressement avec lequel les fidèles concourent à orner l'autel de Marie ; les dons les plus précieux ont été offerts à Notre-Dame-des-Victoires. De toutes les parties de la France, les chrétiens se montrent jaloux de rehausser par leurs présents l'éclat de la chapelle miraculeuse du saint Cœur de Marie. Ce sont des fleurs artificielles, des broderies, des ornements, des vases sacrés, des dons en argent; tous, enfin, veulent apporter à Marie le tribut de leur reconnaissance et de leur amour. Le riche proportionne ses présents à sa fortune ; le pauvre n'offre qu'une simple fleur, mais qui n'est pas moins agréable à Marie.

Il faut voir ce concours unanime des chrétiens qui viennent à Notre-Dame-des-Victoires implorer la protection de Marie, ou la remercier des bienfaits reçus. Et ces fidèles ne se composent pas seulement des habitants de Paris. Toutes les nations de la terre, toutes les conditions s'y trouvent représentées. Ainsi l'on admire une reine, aussi distinguée par sa piété que par sa bonté, agenouillée auprès d'une pauvre femme; l'ouvrier à côté du maître, le prêtre auprès du fidèle,

Mère de miséricorde ; je vous ai invoquée,
et par votre intercession, mon enfant et mon père
m'ont été conservés.
Janvier 1853.

le religieux à côté du guerrier, le savant à côté de l'ignorant. C'est au pied de l'autel de Notre-Dame-des-Victoires que l'on retrouve vraiment l'égalité chrétienne. Et ce ne sont point seulement les pieux fidèles, les chrétiens fervents qui s'empressent à toute heure du jour, foule nombreuse et recueillie, devant l'autel de Marie et lui font par leur concours, comme une fête continuelle ; combien même qui semblent sceptiques, indifférents, du moins négligents ou dédaigneux de la pratique, ne peuvent passer devant le sanctuaire privilégié sans lui faire une visite, étonnés eux-mêmes de la force inconnue et douce qui les contraint à fléchir les genoux alors que monte du fond du cœur jusqu'à leurs lèvres la sainte prière de l'*Ave Maria*, depuis longtemps oubliée ! Plus d'un Augustin, sur lequel une Monique désolée pleure en secret, se glisse furtivement le soir dans la chapelle voisine, éclairée vaguement, et mouille le parvis de ses larmes pour obtenir de Notre-Dame-des-Victoires la lumière dans les ténèbres, ou, s'il est le jouet de la passion, la force de briser ses chaînes.

LIVRE IV.

FAVEURS SPIRITUELLES ET TEMPORELLES OBTENUES PAR L'INTERCESSION DE NOTRE-DAME-DES-VICTOIRES.

Nous entreprenons ici une tâche difficile, car le nombre des précieuses faveurs dont Dieu s'est plu à récompenser ceux qui l'ont invoqué par l'intercession de Notre-Dame-des-Victoires, est si grand, que nous sommes vraiment dans l'embarras pour savoir quels exemples nous donnerons à nos lecteurs. Il faudrait des livres entiers pour raconter tous ces prodiges, et les *Annales de l'Archiconfrérie*, qui se composent déjà de plus de 600 pages très-compactes, n'en renferment elles-mêmes qu'une bien petite partie : guérisons miraculeuses, conversions inespérées, réussite dans les affaires temporelles; enfin, quel est celui qui, pour un besoin quelconque, s'est adressé au Cœur de Marie et n'en a pas reçu quelque assistance? et s'il est permis à un pauvre individu de se mettre en scène, et à l'auteur d'un livre de parler de lui, nous dirons hautement non pour nous glorifier, mais pour rendre à Marie l'hommage qui lui est dû : **que jamais** nous ne l'avons priée devant l'autel dédié à son saint et immaculé Cœur sans avoir obtenu l'objet de notre demande. Mais à quoi bon un chapitre spécial destiné à raconter les prodiges opérés à Notre-Dame-des-Victoires par Marie; tout ce que nous avons essayé d'esquisser à longs traits depuis le commencement de ce livre, ne rend-il pas inutile ce nouveau chapitre; la fondation de l'église, sa grande renommée, l'établissement de l'Archiconfrérie : ne sont-ce pas là des miracles dus à l'intercession de Marie? Qu'on nous permette donc de choisir çà et là quelques traits particuliers. Il peut se faire que nous ne tombions pas sur les plus éclatants, mais du moins nous aurons montré la constante protection accordée par Marie à ceux qui invoquent son immaculé Cœur, et combien cette divine Mère se trouve honorée et glorifiée par ce titre de Notre-Dame-des-Victoires.

Nous avons raconté dans les chapitres précédents les faveurs signalées obtenues par les prières du Frère Fiacre, et la naissance de tant d'enfants illustres nécessaires pour le bonheur de la France et la félicité de leurs augustes parents.

Nous passons sous silence la conversion si subite et si extraordinaire de M. Alphonse Ratisbonne; nos lecteurs en connaissent aussi bien que nous les touchants détails [1].

[1] Le récit complet et authentique de cette admirable conversion se trouve à la librairie de A. Bray, 66, rue des Saints-Pères.

La première marque extérieure de la protection de Marie, et la première faveur accordée à l'Archiconfrérie, fut la conversion de M. Joly, un des ministres de Louis XVI. C'était en 1836. Le vénérable pasteur de Notre-Dame-des-Victoires avait demandé à Marie comme signe d'adoption de la nouvelle association la conversion de cet homme qui, dangereusement malade, avait jusqu'alors obstinément refusé de voir son pasteur. Non-seulement Marie exauça la prière qui lui était faite, mais elle accorda même à M. Joly une prolongation de vie de quelques mois, qu'il passa dans la pratique de toutes les vertus, dans une douce confiance en la miséricorde divine et le repentir sincère de ses égarements. Tel fut le premier prodige que Marie se plut à accorder à la prière de son serviteur, et qui fut comme l'augure pour les fidèles de toutes les faveurs que leur promettait la protection de celle dont le pouvoir est si grand dans le ciel et sur la terre.

Guérison de Mgr Donnet, archevêque de Bordeaux.
— Voici comment M. Desgenettes [1] raconte lui-même cette guérison : « Mgr l'Archevêque de

---

[1] Tous les récits de guérisons, de conversions que nous donnons ici sont tirés des *Annales de l'Archiconfrérie*, publiées par M. Desgenettes. Nous avons conservé la narration du vénérable directeur : c'est lui qui parle dans la plupart de ces rapports. Les lettres écrites par différentes personnes au directeur de l'Archiconfrérie ont été reproduites aussi avec exactitude.

Bordeaux fut prié d'officier pontificalement le jour de la fête du saint Cœur de Marie. Il s'y était engagé ; mais, dans l'intervalle qui s'écoula entre la promesse et le jour de la fête, il ressentit un violent mal de pied, qui, accompagné bientôt d'inflammation et de violentes douleurs, causa une enflure extraordinaire qui ne permit plus au malade de poser le pied par terre. Son médecin exigea le repos le plus absolu, et ce prélat si actif se vit contraint, sans pouvoir calmer ses douleurs et voyant toujours l'enflure de son pied augmenter, de passer les jours sur une chaise longue. Nous l'avions visité, il nous avait exprimé ses regrets et ses désirs, et promis, si le mal diminuait, de se rendre à nos vœux. Nous n'osions nous en flatter. D'ailleurs le médecin avait prononcé un terrible oracle : « C'est très-grave, « avait-il dit ; c'est le même mal que le P. de « Geramb a eu l'an dernier, et, pour une légère « imprudence qu'il a faite, on a délibéré long-« temps sur la question de savoir si on ne serait « pas forcé de lui couper la jambe. » La veille de la fête, j'envoie savoir des nouvelles. Point d'amélioration. Je désespère. Dans la journée, Monseigneur demande à son médecin, le docteur Récamier, dont la foi, la piété et la science sont connues dans l'Europe et au delà, s'il pourrait sortir le lendemain ? « A tout autre qu'à vous, dit « le médecin, je dirais que non : car il y aurait le « plus grand danger. » Et le chrétien ajouta :

« Je sais, Monseigneur, que vous voulez aller à
« Notre-Dame-des-Victoires. La sainte Vierge
« opère des miracles dans cette église. Vous
« avez de la foi, allez-y; la sainte Vierge vous
« guérira. »

« Le prélat nous fit dire dans la soirée qu'il viendrait le lendemain. Nous n'osions pas encore l'espérer. A neuf heures et demie, le pontife entre dans notre sacristie; sa vue nous effraya : il ne pouvait que traîner son pied horriblement enflé et enfermé dans une énorme botte. Nous le priâmes de rester sur son siége pendant la procession pour en éviter la fatigue. « Non, nous dit-il, je « m'appuierai sur ma crosse. » La procession, qui est une affaire de dix minutes, dura au moins une demi-heure. Après avoir célébré la messe, nous vîmes le prélat descendre aisément les degrés du sanctuaire : il venait à la grille du chœur faire une allocution. Nous allâmes au-devant de lui le prier de la faire assis. « Non, nous dit le « courageux prélat, je me sens mieux, et je « m'appuierai sur ma crosse. » Effectivement il était mieux, il était guéri. Il parla une demi-heure. Il vint à notre demeure, nous fit l'honneur de s'asseoir à notre table. Tous ceux qui nous connaissent savent qu'il faut monter quatre-vingt-dix marches pour arriver à notre appartement : il monta et descendit sans peine ce long escalier. Après le dîner, Sa Grandeur alla prêcher à Saint-Thomas-d'Aquin, y parla près d'une heure; en descendant de chaire, elle se rendit à la paroisse des Missions-Étrangères où elle fit une instruction d'une demi-heure au catéchisme de persévérance; et enfin, à sept heures du soir, elle était au pied de l'autel du saint Cœur de Marie à Notre-Dame-des-Victoires, y célébrait l'office pour la conversion des pécheurs, entendait un sermon plein de charité du R. P. Lacordaire, de l'Ordre des Dominicains, et terminait l'office à près de dix heures du soir.

« Ce fait, que nous connaissions déjà comme témoins, a été proclamé le dimanche 16 janvier 1842, à l'office du soir, au milieu de l'Archiconfrérie, par le prédicateur, M. l'abbé Bautain, en présence du prélat, qui, de retour à la sacristie, dit à M. Bautain : « Vous auriez pu ajouter,
« comme preuve de ma guérison, que le mardi
« qui suivit ce dimanche je me rendis en poste
« à Bordeaux pour y assister à une retraite que
« je donnai aux fidèles dans ma cathédrale; que
« le prédicateur étant venu à manquer, je fus
« obligé de le remplacer, et que je prêchai tous
« les jours deux ou trois fois pendant huit jours;
« et qu'aussitôt après la retraite j'allai faire une
« visite de plusieurs semaines dans le diocèse,
« pendant laquelle j'ai prêché tous les jours deux
« ou trois fois par jour, et que je n'ai senti, ni
« pendant ce temps, ni depuis, aucune réminis-
« cence du mal qui m'avait affecté. »

Conversion d'une paroisse. — Un vénérable ecclésiastique du diocèse de Langres adresse à M. le curé de Notre-Dame-des-Victoires la lettre suivante :

N., diocèse de Langres, 8 septembre 1842.

« Voici les motifs qui m'ont déterminé à vous envoyer les principales circonstances qui ont accompagné et suivi l'établissement de l'Association du Cœur Immaculé de Marie dans ma paroisse.

« Ce fut le jour de la circoncision de Notre-Seigneur, premier jour de cette année 1841, que, muni de toutes les pièces nécessaires, j'annonçai solennellement, à la messe, cette grâce qui allait être offerte à tous. Et pourquoi n'aurais-je pas abordé franchement et ouvertement la question, puisque ceux-là même qui auraient pu s'en étonner ou en murmurer devaient être le principal objet des vœux de cette pieuse Confrérie ?

« L'origine de l'Association, les motifs qui l'ont fait établir, le but qu'on s'y propose et les avantages qu'on y reçoit, telles furent les idées principales qui furent le sujet de cette instruction. Cette annonce, toute surprenante qu'elle parût, fut néanmoins accueillie avec un respect marqué. Ce n'était pas seulement dans le lieu saint, mais dans les maisons, mais dans les rues, les réunions, qu'on ne s'occupait de cette nouvelle qu'avec réserve et décence. Ceux mêmes qui n'ont plus, ou presque plus de foi, se flattaient de réciter chaque jour leur *Ave Maria*, quoiqu'ils n'eussent pas le courage de se faire inscrire. C'était déjà là un résultat dont je devais remercier la très-sainte Vierge. Diminuer le mal, suspendre les ravages du péché, c'est beaucoup obtenir, quand on ne peut plus faire le bien.

« Bientôt j'eus à inscrire les associés, qui dans les huit premiers jours s'élevèrent à plus d'un cent. Aujourd'hui j'en compte 260, dont un petit nombre est étranger à ma paroisse. Parmi ces 260 associés, il n'y a que 24 noms d'hommes. C'est peu, sans doute, pour une population de plus de 800 âmes. Cependant, c'est plus encore que je n'aurais osé l'espérer dans ce pays où la foi est si affaiblie, où se présentent tant de dangers, enfin où les passions se trouvent si fort alimentées par des étrangers sans nombre qu'y amènent plusieurs usines. Ah! si ces chers confrères avaient tous cette confiance sans bornes qu'ils devraient avoir en Marie; si tous montraient toujours le désir sincère de recueillir pour eux et pour d'autres les heureux effets de la puissante et maternelle protection de cette tendre Mère, que n'aurions-nous pas à espérer? Toutefois, je dois le dire, si plusieurs, émus, ébranlés pour un temps, ne paraissent pas déterminés à continuer l'œuvre que la grâce a commencée, ce n'est que le très-petit nombre. Presque tous semblent mieux comprendre l'excellence de notre œuvre. Ils reconnaissent, ils avouent même que jusque-là leur piété n'était pas animée de cette charité, qui réunit dans ses désirs la gloire de Dieu et le salut de tous les hommes. Dans leur dévotion, ils ne s'occupaient que de leurs propres besoins, point ou presque point des besoins de leurs malheureux frères. Lors donc qu'on ne prierait pas plus, on priera mieux; et n'est-ce pas déjà un grand bien?

« D'un autre côté les offices paraissent plus fréquentés, surtout l'exercice du dimanche soir, qui est spécialement affecté à la Confrérie. Les fêtes de la très-sainte Vierge sont beaucoup mieux célébrées par les associés, et le samedi surtout est consacré à cette auguste Mère d'une manière toute spéciale. Ce jour-là les communions sont toujours sensiblement plus nombreuses que les autres jours.

« Voilà, monsieur et vénérable confrère, le bien général qu'a paru produire l'établissement de notre sainte Confrérie dans ma paroisse. Faibles, mais pourtant heureux commencements, si les hommes ne se familiarisaient avec tout, comme ils le font ordinairement pour abuser de tout. Espérons qu'il en restera quelque chose, et que notre bonne Mère, par des témoignages toujours nouveaux de sa tendresse et de sa puissance, saura s'attacher ses enfants par les liens doux et forts de la reconnaissance et de l'amour.

« Ces heureux commencements étaient de nature à me faire espérer quelques faveurs particulières pour mes paroissiens. En effet, nous ne tardâmes pas à ressentir les heureux effets de la protection de celle que l'on n'a jamais invoquée en vain. Dès le jour de l'établissement de l'Association, nous commençâmes notre office le soir et nos recommandations pour les pécheurs. Ces premiers exercices produisirent une émotion très-vive sur tous les assistants, mais principalement sur quelques âmes ; je choisis les traits les plus frappants dont j'ai gardé le souvenir.

« Deux femmes ne fréquentaient pas les sacrements et vivaient dans la plus léthargique indifférence sur leur salut. Rien ne paraissait devoir les retirer de cet état dangereux, lorsque tout à coup elles se voient en proie à une agitation qui ne leur permet ni repos ni sommeil. Elles se communiquent entre elles, elles disent aux autres leur état, elles versent des larmes abondantes, et *avouent qu'elles n'y tiennent plus* depuis qu'elles ont entendu recommander les pécheurs aux prières de l'association. Elles font leur confession, et depuis ce moment elles ne cessent de répéter combien grande est leur joie d'être revenues à Dieu.

« Trois autres s'approchaient encore des sacrements ; hélas ! ce n'était que pour obéir à un reste de coutume ; mais, touchées de la bonne nouvelle, et sans être retenues par le respect humain, elles avouent qu'elles n'ont fait jusque-là que de la mauvaise besogne (ce sont leurs expressions), qu'il faut qu'elles fassent des confessions générales, etc. Elles vont trouver des personnes pieuses; elles leur demandent des avis et le secours de leurs prières. Enfin, elles ne trouvent de repos et de bonheur qu'après être venues au saint tribunal décharger leur cœur du poids qui l'accable.

« Trois autres menaient depuis longtemps une conduite fort suspecte et paraissaient d'autant plus éloignées d'un changement sincère, qu'elles conservaient encore quelques pratiques de religion. Cependant elles aussi ont entendu nommer celle qu'on appelle le refuge des pécheurs ; c'en est assez pour porter un trouble salutaire dans leur âme. Elles ont cédé heureusement à cette voix intérieure du remords, et les marques extérieures de repentir qu'elles ont données, suffisent bien pour prouver qu'elles ont mis à profit cette grâce signalée. Elles persévèrent toutes les trois, et sont des plus exactes et des plus recueillies aux offices de l'église. Souvent même, pendant la semaine, on les voit avec édification faire des visites à Notre-Seigneur, et remercier celle qui les arracha à leurs désordres. Qu'il est doux et consolant de voir au pied de l'autel de Marie des mères qui auparavant ne songeaient pas même à elle. Elles paraissent si bien sentir ce qu'elles en ont reçu et ce qu'elles peuvent encore en espérer !...

« Je ne parle ici que de ce qui se passe extérieurement ; mais que de secrètes commotions ! que d'heureux changements de cœurs ne devaient pas faire présumer les larmes abondantes que l'on voyait couler, les sanglots que l'on entendait avant et après certaines confessions !... Ma bonne et tendre Mère, il n'y a pas témérité à vous rapporter ces grâces et ces faveurs ; il y aurait ingratitude à ne pas le faire. Nous le reconnaissons donc, ô Marie ! c'est là l'œuvre de votre miséricorde pour ceux que vous avez adoptés sur le Calvaire. Puissent-ils ne jamais oublier ce qu'ils vous ont coûté et ce qu'ils doivent à votre Cœur Immaculé !

« Nos recommandations à l'exercice de l'Association nous ont toujours paru produire une heureuse impression. Plusieurs fois même elles ont eu, je crois pouvoir le dire, les plus consolants résultats. En voici quelques exemples :

« Deux hommes, pères de famille, désolaient et tourmentaient singulièrement leurs enfants par leur haine contre la religion et tout ce qui s'y rattache. La moindre démonstration de piété qu'ils remarquaient dans leur maison était pour eux une occasion d'affreux blasphèmes. On les recommande aux prières de la Confrérie, et bientôt on les voit tout autres qu'ils n'étaient.

« Deux jeunes personnes, sans être d'une conduite scandaleuse, semblaient ne vivre qu'au gré de leurs caprices, et aimaient mieux abandonner Dieu et renoncer aux sacrements, que de se détacher de leur orgueil et de leur mondanité. On prie pour elles, et dès le jour même elles se sentent agitées, tourmentées par le remords. Elles s'en entretenaient non-seulement entre elles, mais encore avec leurs compagnes. L'une d'elles disait à une de ses amies : « As-tu entendu ce « que monsieur le Curé a dit de cette jeune per- « sonne qu'il a recommandée hier (dimanche). « Je ne sais ce que cela a fait sur moi, je « suis toute drôle... Il faut que j'aille me confes- « ser... J'irai bientôt... » Peu de jours après elle avait brisé les chaînes de l'amour-propre, et son amie également. Dès lors, autant elles avaient d'accord pour s'éloigner de Dieu, autant elles s'aidèrent réciproquement pour s'en rapprocher. La même disait encore à l'autre : « Si tu voulais être « comme moi, nous marcherions les deux pre- « mières à la sainte Table, dimanche prochain. »

« Leur exemple ne servit pas peu à déterminer plusieurs autres de leurs compagnes à revenir à Dieu. Aussi c'est à peine si l'on compte quelques jeunes personnes qui ne se soient pas approchées du saint tribunal. Hélas ! si Dieu a permis que quelques-unes n'aient pas le courage d'achever l'œuvre commencée par la grâce, c'est pour nous humilier et nous faire trembler. Ne rompre qu'une partie de ses chaînes, c'est s'exposer à les reprendre toutes bientôt, et peut-être à s'en forger de plus pesantes encore...

« Une mère désolait sa famille par l'habitude d'un vice affreux, et pourtant elle conservait l'habitude bien opposée de fréquenter encore quelquefois les Sacrements. On pria pour elle ; mais tout le résultat fut que cette infortunée n'en devint que plus furieuse contre ceux qui l'environnaient. On nous dit son état; nous demandâmes de nouveau des prières pour elle, et quinze jours après elle allait déposer le poids de ses iniquités au saint tribunal de la pénitence, et retrouvait la paix du cœur qu'elle avait perdue.

« Un père de famille, dont le moral était depuis longtemps singulièrement affecté, donnait à ses parents les plus sérieuses inquiétudes. On le recommanda à celle qui est aussi le secours des chrétiens, et depuis ce moment le malade est calme et n'a pas eu un seul des accès qu'il avait assez fréquemment auparavant. On l'a vu depuis ce temps s'approcher plusieurs fois de la sainte Table.

« Une jeune personne, âgée de 16 ans, était depuis quatre mois en proie aux souffrances les plus aiguës, par suite d'une névralgie qui lui était venue subitement. Tous les secours de l'art lui furent prodigués, mais loin qu'ils la soulageassent, ils ne paraissaient qu'aggraver sa triste position. C'était au point qu'elle était incapable du moindre mouvement, et qu'on ne pouvait pas même la transporter d'un lit à un autre. Ses douleurs étaient constantes et ne lui laissaient pas le moindre repos ; le jour comme la nuit, elle poussait des cris perçants qui arrachaient des larmes à tous ceux qui passaient devant sa maison. Rien ne paraissait annoncer qu'elle recevrait quelque soulagement jusqu'au 1ᵉʳ juillet de cette année. Ce jour-là, au contraire, sa faiblesse extrême, jointe aux souffrances qu'elle endurait, avait empêché qu'on ne la levât. Cependant une de ses amies lui fit lire quelques guérisons extraordinaires opérées par la Médaille miraculeuse : elle sentit sa confiance en Marie augmenter dans son cœur, et dit à son amie : « *Si la sainte Vierge voulait en faire autant pour moi. Il faut me rendre ma médaille.* » (Elle l'avait quittée pendant sa maladie à cause des soins qu'on était obligé de lui donner.) Elle reprit sa médaille ; elle pria avec ses amies, qui faisaient une neuvaine pour elle. Déjà on l'avait recommandée aux prières, et plusieurs communions avaient été faites à son intention ; dès la nuit suivante, elle reposa et dormit même la plus grande partie de la nuit. Le lendemain 2 juillet, jour de la Visitation de la très-sainte Vierge, elle sentit ses souffrances calmées ; on la leva sans peine ; on la plaça sur un fauteuil où elle put rester seule, et cela sans éprouver de douleurs. Depuis ce jour, elle n'eut plus que des souffrances assez légères ; tous les jours elle se lève et marche à l'aide de béquilles. Comment douter qu'un commencement de guérison aussi subit et aussi caractérisé ne soit l'œuvre de notre tendre Mère, qui est sensible à tous les maux de ses chers enfants. Après une pareille faveur, que n'avons nous pas à espérer !...

Venez-nous donc en aide, Monsieur, pour remercier la très-sainte Vierge d'une bonté aussi signalée. »

Conversion d'un homme du monde. — Entre toutes les grâces obtenues par l'invocation du très-Saint et immaculé Cœur de Marie, et dont j'ai été l'heureux témoin, celle que je vais raconter m'a paru l'une des plus éclatantes et des plus inespérées. — Le dimanche, 4 juin 1837, on m'apporte une lettre ; elle m'était écrite par un étranger malade se trouvant dans un des hôtels garnis de ma paroisse, pour m'inviter à aller le visiter. Je m'y rendis et je ressentis l'impression la plus vive à la vue de ce malade. C'était un homme de soixante et quelques années, chef d'une des plus nobles familles de France. Sa famille habitait Paris, des relations d'amitié m'unissaient à elle ; le malade habitait une province éloignée, il était venu chercher à Paris une santé qu'il ne devait plus recouvrer. Son estomac était dans un état affreux de délabrement ; il ne pouvait plus supporter aucune espèce de nourriture, sa peau était jaune comme le safran, elle semblait collée sur ses os, c'était un squelette vivant. Je fus étonné de ne pas le trouver alité dans un tel état, mais assis dans un fauteuil. Cet homme avait l'usage le plus libre de ses facultés intellectuelles ; il me reçut avec la politesse exquise d'un homme de cour, me demanda pardon du dérangement que son indiscrétion m'avait causé, et me dit que, se voyant près de sa fin, il pensait à mettre ordre à ses affaires, et désirait mon avis sur quelques dispositions qu'il voulait faire. Cet objet traité, voyant qu'il ne me disait rien davantage, je repris : « Vous habitez ma paroisse, Monsieur, permettez-moi de vous demander si, dans une position aussi critique que la vôtre, vous avez songé à régler les intérêts de votre conscience ? — Je vous comprends, monsieur le Curé ; je suis chrétien, j'ai conservé la foi, et c'est par cette raison que je ne puis faire usage des secours et des moyens que vous me proposez. — Que me dites-vous là, Monsieur ; vous avez la foi, et vous refusez de recourir à la miséricorde divine ! — Oui, Monsieur, j'ai la foi, et c'est parce que je crois à la grandeur, à la sainteté, à la justice de de Dieu, que je sais et suis convaincu qu'il est impossible que Dieu me pardonne les péchés de toute ma vie. Je les regrette, je voudrais ne les avoir pas commis ; je sais le sort qui m'attend, il est inévitable. Il y a longtemps que je l'envisage. — Oh ! Monsieur, quelles horribles pensées vous avez là ! qu'elles sont outrageantes pour le Dieu de toute bonté, et quel malheur est le vôtre ! Quoi ! voir sans cesse l'abîme éternel ouvert sous ses pas, et être sans cesse dans la cruelle présomption qu'on n'y échappera pas, ce n'est pas vivre, c'est se dévouer au plus cruel de tous les tourments. Comment avez-vous pu vous faire une pareille doctrine ? — D'abord, je n'ai pas toujours été occupé de ces idées ; les dissipations de la jeunesse, le sérieux des occupations de l'âge mûr, des passions impérieuses et violentes m'en ont distrait pendant les cinq sixièmes de ma vie. Je n'ai réfléchi sérieusement que depuis quelques années, et c'est alors que me rappelant les principes de mon éducation religieuse, les comparant avec ma vie, je me suis arrêté à cette idée que rien dans ma vie ne pouvant satisfaire aux droits de la justice de Dieu, je devais m'attendre à en subir les conséquences pendant l'éternité, car j'y crois fermement. Vous me demandez où j'ai pu me faire une pareille doctrine ; je l'ai puisée dans mon éducation religieuse. J'ai été élevé dans un collége tenu par les Oratoriens, ils étaient réputés jansénistes ; mais j'avais un gouverneur particulier, prêtre séculier, janséniste prononcé, homme d'une sévérité extraordinaire de doctrine et de morale. C'était lui qui faisait mon éducation religieuse. Il retarda ma première communion jusqu'à l'âge de quinze ans. Jusque-là j'étais innocent, malgré la légèreté de mon âge ; mais les passions commençaient à m'agiter. Ma mère se plaignait de ce retard ; je commençais à en être honteux. La révolution suivait son cours, les prêtres qui avaient refusé le serment allaient être chassés ; ma mère exigea que mon gouverneur me disposât au plus tôt. Il y employa trois mois, pendant lesquels il me fit des instructions journalières dont le fond était toujours la sévérité des jugements de Dieu, la peinture du sacrilége et de ses affreuses conséquences. Dieu sait au milieu de quelles terreurs s'accomplit cet acte, et quelles impressions il me laissa dans l'esprit; je croyais et j'ai toujours cru fermement à la présence réelle de Jésus-Christ dans le Sacrement; mais je ne vois dans la communion qui nous y fait participer qu'une épreuve que Dieu impose aux hommes, et par laquelle il fait dès ce monde un terrible discernement de ses élus d'avec ceux qu'il veut réprouver. Ma foi sur cet article me dit que cet acte ne peut être accompli qu'avec des dispositions parfaites, et que sa conséquence nécessaire est la perfection de la vie. La mienne a été loin d'être telle. Sorti du collége quelques mois après la seule communion que j'aie faite, je suivis l'émigration. La vie errante que je menai, les exemples que j'avais sous les yeux, la licence des camps développèrent en moi les passions; j'abandonnai toute pratique religieuse, j'ai consumé ma vie dans la sensualité. Revenu depuis quelques années à des idées plus sérieuses, j'ai essayé de revenir à Dieu; je me suis rappelé les instructions de ma jeunesse. Je n'ai pu voir en Dieu qu'un juge irrité qui doit me punir parce que je l'ai offensé. Je ne tenterai point de l'apaiser, parce que je sais que sa justice doit être inexorable. » Et le sang-froid glacial, le calme avec lesquels ce malheureux me faisait ces affreuses communications me prouvaient qu'elles étaient de sa part l'effet d'un désespoir systématique et raisonné. J'essayai de lui suggérer d'autres idées; je lui parlai en vain du secours que les pécheurs retirent de la divine miséricorde, de la protection de la très-sainte Vierge; tout fut inutile. Il me répondit avec le même sang-froid : « Je vous remercie, monsieur le Curé, de l'intérêt que vous voulez bien me porter, mais il est inutile; j'ai bien réfléchi; je sais à quoi je dois m'attendre, et je suis déterminé. » Il n'y avait plus rien à faire; je le saluai en lui demandant la permission de revenir le voir. Il me dit que je lui ferais honneur, mais qu'il me demandait en grâce de ne plus lui parler de cela, car ce serait le « tourmenter inutilement. » Je lui répondis : « J'y consens, Monsieur, puisque vous l'exigez; mais je ne vous quitte pas sans espérance. Une association d'âmes pieuses se réunit tous les dimanches au soir dans mon Église pour implorer la miséricorde de Dieu en faveur des pécheurs; elle demande à Dieu la grâce de leur conversion. Je vais vous recommander à ses prières, et j'espère qu'elles vous obtiendront la faveur de revenir à de meilleurs sentiments. » Il me fit un salut de tête, et je sortis.

Je rentrai chez moi le cœur navré de douleur et non sans crainte; je n'avais jamais rencontré un pécheur aussi endurci, ni trouvé un désespoir aussi froid, aussi raisonné. J'écrivis aussitôt sa conversation avec l'espoir d'y répondre dans les visites que je me proposais de lui faire. Le soir je le recommande vivement aux prières de la Confrérie ; elle venait de naître, nous étions à peine quarante réunis autour de l'autel. Nous priâmes, et le lendemain à six heures du matin je reçus la lettre qui suit :

« Monsieur le Curé, veuillez agréer mes excuses et mes regrets ; je vous ai affligé hier par tout ce que je vous ai dit. J'étais dans une bien mauvaise disposition, je ne pouvais parler autrement. Mais aujourd'hui, quel changement s'est opéré en moi ! je ne me reconnais pas. Je crois en la miséricorde divine, je l'espère et je la désire. Venez achever votre œuvre, venez me faire entendre ces paroles de paix que j'ai repoussées hier avec une dureté que je déplore. Après le Dieu infiniment clément vous serez mon sauveur. Agréez mon respect et ma reconnaissance. »

Ravi et étonné d'un si prompt changement, je me rendis auprès de lui. Il me dit de lui-même qu'il avait à se reprocher la manière dont il avait accueilli les pieux avis que je lui avais donnés ; il était la veille dans une déplorable disposition de désespoir qui durait depuis plusieurs années, et qui était devenue pour lui une résolution, une volonté fixes et arrêtées. Mais vers deux heures du matin il s'était opéré dans son moral un changement subit dont il ne pouvait se rendre compte; à cette heure, pendant l'insomnie, il s'était rappelé les conseils que je lui avais donnés, et alors les mots de miséricorde, de repentir, de pardon retentissaient intérieurement en lui, puis au bout de quelques instants de douces pensées d'espérance, de confiance en la miséricorde de Dieu s'étaient fait jour dans son esprit. Aussitôt il avait joui d'un calme, d'une paix intérieure qu'il n'avait jamais connue; l'effet de cette disposition avait été un profond repentir de l'abus qu'il avait fait de sa vie, le désir d'en obtenir le pardon et le sentiment que la bonté divine daignerait avoir pitié de lui et sauver son âme dans sa miséricorde, il me demanda ensuite d'entendre sa confession. Cet acte religieux, qui paraît si pénible, qui est un sujet d'effroi si violent pour tant d'autres et surtout dans cette circonstance, fut bien avantageux à notre pauvre malade. D'abord il effaça de son esprit ces pensées sinistres, désespérantes, qui lui faisaient déjà endurer par avance quelques-unes des tortures de l'enfer; à mesure qu'il avançait dans sa confession, la grâce du Sacrement coulait goutte à goutte dans son cœur, son repentir s'imprégnait des conditions qui le rendent efficace aux yeux de la justice divine, il était pour lui un sujet de consolation parce qu'il lui présentait un motif d'augmenter sa confiance. Il exprimait ce sentiment de confiance toutes les fois qu'il m'entretenait, et je le voyais tous les jours; il bénissait, il exaltait la divine miséricorde qui, disait-il, *l'avait arraché à l'enfer;* il savait, il sentait qu'il devait cette grâce à la tendre et maternelle protection de Marie. Oh! comme il désavouait la froide indifférence qu'une éducation hérétique lui avait inspirée pour la Mère de la divine miséricorde, salut des désespérés !

Cette heureuse réaction se rendait sensible à l'extérieur; son œil était devenu calme et doux; son visage, qui m'avait frappé au premier abord par sa sévérité, respirait maintenant une sorte de sérénité; sa parole si brusque et si dure naguère était douce et affectueuse, ses souffrances étaient diminuées. Il s'apercevait de ce changement, il semblait surpris. « Je ne me reconnais plus, me disait-il souvent; moi, si irritable, et par tempérament si atrabilaire, je jouis d'un calme que je n'ai jamais connu. Depuis le moment où Dieu a jeté sur moi un regard de pitié, la grâce dont il a comblé mon âme, la paix dont il me fait jouir, amortissent même mes douleurs. Je me repens de de tout mon cœur de mes iniquités, de ma vie tout entière; j'en demande sans cesse pardon à Dieu; mais je suis tranquille, parce que j'ai une entière confiance dans sa miséricorde. » Il est bien certain, et il le reconnaissait lui-même, que, sans cette heureuse révolution, sa vie aurait été terminée plus brusquement.

Il eut le bonheur de communier huit jours avant sa mort. Il ne craignait plus cette sainte

action, sa foi éclairée alors lui dépeignait tous les avantages, toutes les grâces que la présence du divin Sauveur des âmes allait lui procurer ; Dieu lui avait rendu son amour, il désirait ce bonheur avec vivacité. Sa foi, son repentir, son amour pour Dieu furent sensiblement récompensés ; car à peine Jésus-Christ fut-il descendu dans son cœur qu'il ressentit un redoublement de grâces. A partir de cet instant, il ne s'occupa plus que de sa mort prochaine, et s'y prépara avec un calme et une soumission admirables. Enfin, le 26 juin, le trouvant très-affaibli, je lui proposai les derniers Sacrements. Il me répondit : « Oui, je crois qu'il est temps ; je suis dans
« un grand état d'épuisement. Encore cette
« grâce, et je me présenterai avec confiance aux
« pieds de mon Sauveur, et je lui dirai : Voilà,
« Seigneur, la brebis égarée que vous avez ramenée
« du désert : ayez pitié d'elle, et recevez-la
« dans votre miséricorde. Veuillez bien remettre
« jusqu'à telle heure ; car je veux que mes fils
« assistent à mes derniers instants, et je vais les
« envoyer chercher. » A onze heures, je lui administrai les deux Sacrements ; il était calme, mais si faible, qu'il ne paraissait plus avoir le sentiment de la souffrance ; jouissant d'ailleurs de l'usage de toutes ses facultés intellectuelles, il répondit de la manière la plus explicite aux questions que je lui adressai, demanda pardon à son épouse et à ses trois fils qui l'entouraient des scandales que

son indifférence religieuse leur avait causés, parla des grâces dont Dieu l'avait comblé en le ramenant à lui, recommanda à ses fils de suivre son exemple, et leur donna sa bénédiction. Je le quittai à midi, après avoir, à sa demande, récité les prières des agonisants. Il s'entretint après mon départ quelques instants avec sa famille, et leur dit qu'il avait si peu vécu en union avec Dieu pendant sa vie, qu'il sentait le besoin de profiter du moment où il avait le bonheur de posséder Jésus-Christ dans son cœur pour s'entretenir avec son Sauveur; que d'ailleurs son heure suprême approchait, qu'il ne voulait plus s'occuper que de Dieu et de son âme jusqu'au moment où il paraîtrait au tribunal de Dieu; qu'ainsi il leur faisait ses derniers adieux et leur demandait de prier avec lui sans le distraire en rien. Il joignit les mains, ferma les yeux et resta presque sans mouvement pendant près de trois heures. Il ne parut vivant pendant cet intervalle que par le mouvement de ses lèvres qui, de temps en temps, remuaient pour prononcer des prières, et celui de ses yeux, qui s'ouvrirent quelquefois pour regarder le crucifix attaché au pied de son lit. A trois heures, un dernier souffle termina sa vie.

Relation d'une Conversion obtenue par l'intercession de Notre-Dame-des-Victoires. — En 1845, je me trouvais en Toscane dans la partie la plus élevée des Apennins; là, je prêchais une mission dans une pauvre petite paroisse. J'y étais depuis douze jours, et déjà Dieu bénissait mes humbles travaux ; la mission était connue à plus de six milles aux environs. Une pieuse dame, accablée de tristesse, vint me trouver un jour une heure avant le sermon ; elle me parla d'un de ses frères qui se mourait, puis elle ajouta qu'elle craignait que la guérison du mal qui accablait son frère fût aussi impossible que celle de son moral.— Je lui demandai depuis combien de temps il était alité, et s'il avait déjà témoigné le désir de se confesser. — Elle me répondit que la maladie durait depuis quatre mois, et que son frère ne s'était pas confessé ; que la veille seulement ils avaient demandé un ecclésiastique pour assister le malade dans ses derniers moments, mais qu'on n'avait pu rien obtenir de son malheureux frère. — Je m'informai s'il était marié et quel était son âge. — 55 *ans*, me répondit-elle ; mais aussitôt cette excellente femme s'écria : *S'il est marié !*.... Un torrent de larmes s'échappa de ses yeux et elle ajouta : « Non, mon Père, il n'est pas marié, c'est un prêtre, ayez pitié de cette âme désespérée, venez l'assister, peut-être sera-t-il mort demain !... Et si vous saviez !.... quelle vie scandaleuse ! comme ses mœurs sont licencieuses ! combien d'horribles blasphèmes contre Dieu et la très-sainte Vierge ! Il fait trembler tous ceux qui l'entourent.— Que de terribles imprécations il lance contre moi, parce que depuis quatre mois je voulais le détacher de certaines affections dans lesquelles il s'obstinait, bien que sa maladie s'aggravât. » — Enfin les prières pressantes de cette dame, et l'état déplorable de ce malheureux pécheur, me décidèrent à partir. Je chargeai un de mes collègues de faire le sermon. — Je donnai une médaille miraculeuse à la pieuse dame, en lui recommandant de la mettre au cou du malade et de commencer de suite une neuvaine au Cœur pur et immaculé de la très-sainte Vierge Marie. Je lui dis de retourner vers son frère, et que je la suivrais peu de temps après. — En attendant, je priai mon collègue qu'il recommandât au peuple de prier la très-sainte Marie pour la conversion d'une âme endurcie. J'arrivai chez le malade, la neuvaine était déjà commencée et la médaille mise au cou du mourant. En entrant dans la chambre, j'y trouvai trois ecclésiastiques ainsi que le religieux appelé pour la confession. Ils me dirent que le malade était en proie à un extrême désespoir. Je m'approchai du lit; le visage de ce pauvre pécheur faisait frémir ; ses yeux ouverts et hagards, ses lèvres qu'il mordait sans cesse étaient couvertes de sang. — Je l'appelle doucement par son nom. — Il me regarde et tourne vers moi un œil menaçant. — Je lui dis que pour secourir son âme affligée j'étais accouru, abandonnant nombre de fidèles qui m'attendaient pour se confesser. Je cherchai à faire naître en lui quelque espérance ;

je l'entretins de la miséricorde et de la charité.—
Dans ce moment un bon prêtre présenta le crucifix à ce malheureureux, en l'engageant avec des paroles affectueuses à embrasser ce signe de notre rédemption. — Il regarda d'un œil louche le Christ, et, chose affreuse à dire, il lui cracha au visage, le repoussant de la main, et d'une voix furieuse il dit « qu'il ne veut pas le
« voir et qu'il est damné. » — Alors je dis aux ecclésiastiques présents, et à la pieuse dame qui m'avait appelé, qu'un miracle de la très-sainte Vierge Marie seul pouvait sauver ce malheureux; qu'on priât pour lui, et qu'on continuât la neuvaine; que j'allais retourner à ma mission pour recommander le malade aux prières des fidèles, et faire réciter surtout l'oraison : « Sainte Marie,
« conçue sans péché, priez pour nous qui avons
« recours à vous. »

Trois quarts d'heure après mon départ de cette maison, le mourant demanda, avec un visage calme et serein, qui lui avait mis au cou une médaille miraculeuse. *Moi, moi*, répondit sa sœur.
— Il la prit alors dans sa main, puis la regarda dévotement, poussa de profonds soupirs et versa d'abondantes larmes; puis il baisa tendrement l'image de celle qui est le refuge des pécheurs. Il passa la nuit tranquillement. Le jour suivant, de très-bonne heure, il demande au moine, resté près de lui, à se confesser. Il vécut encore trois jours, et répéta plusieurs fois sa confession

toujours accompagnée d'abondantes larmes ; la douce espérance le soutenait. — Il demanda pardon à tous les assistants des scandales qu'il avait causés par ses mœurs dépravées. — Il voulut aussi qu'on réunît autour de lui les personnes qui étaient dans son intimité, puis à elles aussi il leur demanda pardon. Dans les derniers jours de sa vie, il ne sortit plus de sa bouche que des paroles d'amour pour le Seigneur qu'il avait si cruellement offensé ; il n'eut plus aussi que de tendres sentiments pour cette Mère de grâces qui l'avait délivré des peines de l'enfer, et qui avait su triompher de son cœur obstiné. Il reçut les autres saints Sacrements et mourut en laissant à tous les plus douces espérances de son salut éternel.

Signé Aspetti,
Missionnaire-Lazariste, supérieur de la maison des Missions, à Firenze.

Conversion d'une Dame.

5 juin 1844.

« Monsieur le Curé,

« Vous avez manifesté le désir d'obtenir des renseignements sur les conversions frappantes qui auraient lieu dans les paroisses affiliées à votre sainte Archiconfrérie. Eh bien, il s'est passé dans la mienne, qui jouit de ce précieux avantage, un fait que je crois devoir signaler à votre attention. Vous le publierez, si vous le croyez convenable, ou vous le passerez sous silence, si vous ne le jugez pas digne d'être raconté au nombreux public qui lit vos intéressantes *Annales*. Je m'en rapporte là-dessus à votre haute sagesse. Je vous prierai toutefois de supprimer le nom de ma paroisse.

« Madame N. vivait depuis bien des années dans l'indifférence religieuse la plus profonde, point de messe, point de prières, plus le moindre vestige de foi; et, ce qu'il y a de plus étonnant, point d'inquiétude sur le danger d'un pareil état ni sur l'avenir qu'il lui préparait. Dieu était pour elle, pratiquement parlant, comme s'il n'existait pas. Le mot de religion n'offrait aucun sens sérieux à son esprit. Dans une maladie grave qu'elle fit, il y a quatre ou cinq ans, si grave qu'elle crut et faillit en effet mourir, elle était bien résolue à ne pas recourir aux sacrements. Elle avait pris ses mesures en conséquence. Défense fut intimée par elle aux personnes qui l'entouraient de me laisser pénétrer dans la chambre où elle était retenue sur un lit de douleur. J'y pénétrai cependant, parce que personne ne se trouva là pour m'en interdire l'entrée. Connaissant à l'avance les préventions contre lesquelles j'avais à lutter, je crus prudent de ne pas parler d'abord de confession. Ma discrétion me servit bien en cette circonstance; car, si j'y avais fait la moindre allusion, on m'eût prié de sortir et de ne plus me présenter. Le lendemain, un mieux sensible se déclara dans la position de la malade, qui se sut alors plus de gré que jamais d'avoir négligé les futiles pratiques dont *s'engoue un stupide vulgaire*. Plusieurs années se passèrent sans apporter aucun changement.

« Au mois de janvier dernier la fille de cette aveugle spirituelle vint me prier de la recommander aux prières de l'Archiconfrérie ; je le fis avec empressement, et voici ce qui en advint. Le lendemain, madame N. parut à la grand'messe ; elle continua de s'y présenter les dimanches suivants. On la vit aussi, dans cet intervalle, ouvrir des livres de piété, entre autres celui de l'*Imitation,* paraître y prendre goût et s'y oublier quelquefois longtemps. Que cherchait-elle ? la vérité, sans doute, dont son esprit poursuivait instinctivement la connaissance.

« Le jour de la première communion des enfants, elle fut vivement touchée. Quelle étrange idée ! le bonheur dans une pratique qui lui avait toujours paru si mesquine ! Cependant il brille sur la figure radieuse des jeunes communiants ! le goûteraient-ils réellement ? cette cérémonie ne lui procura pas la douce joie que ressentaient les pieux fidèles. Un vague remords empoisonna toute la satisfaction qu'elle s'était promise.

Quatre jours après, commence une retraite dans la paroisse ; c'est un R. P. Jésuite qui doit en faire les exercices, elle l'entendra. *Que la paix*, dit-il, *soit avec vous !* Telles sont les premières paroles qu'il laisse tomber du haut de la chaire.

Ce début la déconcerte. Est-ce pour elle qu'il a choisi ces mots dans l'Évangile? Ils sont si bien appropriés à sa situation! Saurait-il, ce Père, qu'elle éprouve depuis quelque temps une guerre intestine, une guerre cruelle? Alors c'est Dieu qui l'éclaire; c'est un apôtre qui a reçu la mission de la convertir. La lumière a jailli de ces quelques mots, ses yeux l'aperçoivent, elle croit, elle connaît son erreur, elle la déteste; mais elle ose à peine espérer, elle si longtemps rebelle à son Dieu, si indifférente à son amour. Elle assistera, du moins, à tous les exercices de cette étonnante retraite qui la remue si profondément. Bientôt la grâce, plus forte que toutes les répugnances, la conduit au saint tribunal; elle a le bonheur de communier un samedi, jour consacré à l'Archiconfrérie; coïncidence que je signale, parce que le travail de la grâce avait commencé en elle à pareil jour quatre mois auparavant. Que de douces larmes coulèrent de ses yeux dans ce beau jour! Quelle vive reconnaissance elle éprouve envers Marie! Comme elle l'aime cette tendre Mère, qui a répandu sur elle un rayon de lumière céleste! Éprouvant le besoin d'épancher le bonheur qui remplissait son âme, elle se présente chez ses amies; « elle a pensé, dit-elle, qu'elles devaient une félicitation à la catholique régénérée; » elle les embrasse avec effusion, ainsi que son époux, qui trahit par ses larmes l'émotion à laquelle il est en proie,

Il n'est pas besoin de dire qu'elle est aujourd'hui membre de l'Archiconfrérie, qu'elle porte la médaille miraculeuse, qu'elle récite son chapelet avec bonheur, et que le mois de Marie n'a pas trouvé d'âme plus empressée, ni plus fidèle aux réunions qu'il provoque dans notre église. Après ce que j'ai raconté, tout cela se devine suffisamment. Je la laisse donc en parler elle-même. Voici la lettre qu'elle adressa le jour de sa communion à la fille de son mari, qui avait eu l'heureuse idée de la faire recommander :

« Que la paix soit avec nous, ma chère enfant ; qu'elle soit entre nous à jamais ; qu'aucun nuage ne vienne plus l'obscurcir ! La paix ! Ce fut le texte du premier sermon de notre Révérend Père. Ah ! combien depuis j'en ai goûté les douceurs ! Dès ce moment, je sentis qu'il fallait me rapprocher du Seigneur notre Dieu. Et toi, ma fille, tu le désirais dans le secret de ton âme dévouée. Tu formais des vœux ardents en faveur de ta mère. J'ai suivi l'élan que la grâce imprimait à mon cœur, et j'ai cédé aussi au désir de ma fille, qui m'a conduite aux pieds du Seigneur comme une mère guide les pas chancelants de son petit enfant. Les rôles étaient changés. Ainsi je serai ta fille, sans cesser pour cela d'être ta mère.

« Reçois mes remercîments empressés, mon A....; je te dois ce tribut de reconnaissance : accepte-le, enfant chérie, avec ma bénédiction, c'est celle d'une mère réconciliée par tes soins, elle te portera bonheur. Quand serai-je plus digne de te l'offrir qu'aujourd'hui où le Seigneur est avec moi ?

« Je comprends à cette heure que Dieu ne m'a jamais abandonnée. C'est lui qui me maintenait dans la conduite régulière selon le monde que j'ai toujours tenue. C'est lui qui m'a guidée dans le choix d'un époux qui me rend heureuse. C'est lui qui daigna m'honorer de sa confiance en me choisissant pour te servir de mère. C'est lui qui m'inspira de t'élever, hélas ! je ne voyais pas autre chose, dans le goût du travail, de l'ordre, et l'exemple d'une bonne union. Ne vois-tu pas comme moi, ma chère amie, le doigt de Dieu dans toutes les circonstances qui préparaient l'avenir qui vient de se changer enfin pour moi en un présent délicieux !

« Je m'étais cependant éloignée de ce divin Sauveur, comme un voyageur entraîné par des raisons frivoles part pour un lointain pays. Mais l'œil clairvoyant du divin Maître me suivait partout où je dirigeais ma course.

« Une voix divine me dit tout à coup : « Ar« rête ; n'as-tu pas marché assez et trop long« temps dans le désert de l'indifférence ? Va et re« pose-toi dans mon temple ; c'est un lieu de ra« fraîchissement que je t'ai préparé pour le jour « de la fatigue. »

« Conformément à l'ordre d'en-haut, je m'achemine craintive vers l'Église du Seigneur, toute couverte de cette poussière mondaine qui devait m'en interdire l'entrée. Oh! douce surprise! on ne me traite pas comme une étrangère dans cet asile sacré; on sourit à mon approche, on m'invite à pénétrer la première dans le tribunal du repentir. Encouragée par cette déférence bienveillante dont je suis l'objet, je m'écrie : « Non, mon Dieu ne m'a pas abandonnée; s'il « en était ainsi, ses enfants ne me traiteraient « pas avec tant de charité dans sa propre maison. « L'anathème est gravé en traits lisibles sur le « front d'une réprouvée, et il n'inspire que « l'horreur et l'effroi. Oh! mon père, mon bon « et tendre père, vous consentez encore à me « recevoir après une si longue absence; votre « fille repentante peut encore trouver grâce à « vos pieds? » Oui, répondit cette même voix douce que j'avais déjà entendue; mais après cette faveur, ne t'éloigne plus : « Oh! non Seigneur, « je vous le promets; je ferai tous mes efforts « pour répondre à votre sainte grâce. »

« Ce qui suivit, ô ma fille, restera sous le voile épais qui couvre la confession.

« Après la confession, je sens en moi une nouvelle vie ; mes pensées actuelles diffèrent de mes anciennes pensées; mes sentiments jaillissent avec abondance et forment à travers mon âme un courant inconnu. Je subis la puissance d'une impression surnaturelle. Mon cœur se dilate sous les rayons d'un bienfaisant soleil qui me pénètre, m'échauffe et m'attire invinciblement vers la source de toute justice. La nature elle-même m'apparaît sous un aspect plus beau. Je la comprends, je la goûte mieux. D'où vient cette lumière qui colore tout à mes yeux d'une manière si chaude et si brillante ? De la paix qui inonde mon âme et se répand sur tout ce qui m'environne.

« Aussi, c'est toi, ma fille, qui as demandé et obtenu cette grâce que je n'implorais pas. Le ciel a béni ta démarche et nous a étroitement unies. Que nos âmes se confondent et n'aient plus de secrets l'une pour l'autre. La mienne te doit trop pour oublier jamais ce que tu as fait pour elle.

« Efforçons-nous de faire partager à ton père le bonheur que nous goûtons toutes deux. Rendons-lui douce cette vie que Dieu lui a conservée au milieu des batailles. Tu me comprends, il ne nous reste plus qu'à l'associer au bienfait dont la jouissance surpasse celle de tous les biens terrestres.

« Conserve ce billet comme une preuve de ma reconnaissance et de la tendresse inaltérable de ta mère. »

Conversion d'une dame sacrilége.

Tournai, 11 mars 1845.

« Monsieur et digne Directeur,

« C'est avec une indicible consolation que je viens vous faire part des merveilles opérées par la protection de notre auguste Mère en faveur de trois grands pécheurs. Celle que l'on n'invoque jamais en vain a eu pitié de nos prières; il est donc de mon devoir de publier ses miséricordieuses bontés.

« Depuis quarante ans, trois personnes, avec lesquelles j'étais intimement liée, croupissaient dans le péché, ne voulant plus entendre parler d'aucun acte de religion. Une d'entre elles cependant, afin de cacher ses honteux désordres, les couvrait du voile de la piété, et, par une abominable hypocrisie, elle avait l'audace de s'approcher de temps en temps de la sainte Table, sans se réconcilier auparavant avec son Dieu par le sacrement de Pénitence. Voilà, monsieur le Doyen, en peu de mots, l'état de cette âme infortunée; vous pouvez juger, par là, combien ce pauvre cœur était endurci. Pendant six ans, je fis près de cette personne les démarches les plus incessantes, mais en vain, et l'on avait tout lieu de craindre qu'elle ne mourût dans l'impénitence. Une maladie grave survint, et, en peu de jours, la conduisit aux portes du tombeau. On la supplia de nouveau de penser à son âme; mais, l'endurcissement était à son comble, tout fut inutile : prières, larmes, supplications, rien ne l'ébranla. Dans la perplexité où se trouvait sa famille, elle eut recours à celle qui est non-seulement le refuge des pécheurs, mais aussi la consolation des affligés; et une neuvaine en l'honneur du très-saint et immaculé Cœur de Marie fut commencée avec toute la ferveur et la confiance possibles. Dès les premiers jours on offrit à la malade une médaille du très-saint et immaculé Cœur de Marie : elle l'accepta; mais on ne put rien obtenir de plus. C'était déjà beaucoup cependant, et la Vierge miséricordieuse ne pouvait pas laisser périr une âme qui portait ses livrées. A peine munie de cette médaille, cette pauvre âme est troublée, ce cœur plus dur que le rocher, et près duquel tout avait échoué, ce cœur est brisé! Oh! triomphe de la protection de Marie! après quelques jours d'agitation et d'angoisses, elle demande elle-même un prêtre qui s'empresse d'accourir. Elle fait une confession générale avec les sentiments d'une grande componction, et témoigne vivement de la joie d'être réconciliée avec son Dieu, qu'elle a le bonheur de recevoir avec une tendre dévotion; puis elle ne cesse de parler de Dieu à sa famille fondant en larmes, causées par la satisfaction d'un tel changement. Quelques jours après elle se trouve plus mal, reçoit les derniers sacrements, et expire en faisant généreusement à Dieu le sacrifice d'une vie qu'elle n'avait employée qu'à l'offenser. Voilà, monsieur le Doyen, l'ouvrage de la Mère de toute miséricorde! Peut-on jamais désespérer de sa bonté?

« Mais ce n'est pas tout : les deux frères de cette personne éloignés de plus de soixante-dix lieues, et qui, comme leur sœur, vivaient dans l'endurcissement, apprennent sa mort édifiante et son retour inattendu sans éprouver la moindre impression. Leur âme, pour eux, c'est la moindre des choses, ils croient à peine à son immortalité. Cependant une de leurs nièces qui avait été excessivement touchée de la conversion de sa tante, les supplie de porter aussi une médaille du très-saint Cœur de Marie, ils y consentent pour mettre fin à ses instances; et bien vite elle les fait enregistrer dans l'Archiconfrérie, en les recommandant instamment aux prières des associés. Peu de temps après, un des deux tombe dangereusement malade, il faut l'avertir de se préparer à la mort ; mais comment lui parler d'un prêtre, lui qui ne croit plus à rien depuis quarante ans ! Dans un danger si pressant à qui avoir recours si ce n'est à Marie, l'unique refuge des pécheurs, la douce espérance des coupables? Une neuvaine à son Cœur immaculé est commencée, tout le monde prie pour ce grand pécheur, de ferventes religieuses tiennent sans cesse leurs mains levées vers le ciel pour sa conversion. Marie sera-t-elle sourde à tant de vœux? Oh! qui l'a jamais invoquée en vain ! A mesure que la maladie s'aggrave, l'âme est éclairée, le pauvre pécheur demande un prêtre, il veut se convertir, dit-il, il veut redevenir enfant de Dieu, il veut mourir en bon chrétien. Il se confesse donc, il a le bonheur de communier! O Marie! votre bonté surpasse nos espérances !

vous ne vous contentez pas de guérir cette âme, vous voulez faire encore davantage : et à peine a-t-il reçu les sacrements, qu'il se trouve guéri et abandonne son lit de douleur en parfaite santé ! Le troisième, touché d'un tel prodige, se convertit à l'instant ; et lui, qui aurait rougi de la plus petite pratique de religion, s'approche des sacrements et édifie tout le monde par sa conversion vraiment miraculeuse. »

Conversion de deux juifs et d'un profanateur sacrilége.

Un médecin juif, né à Vienne (Autriche), âgé d'environ 36 ans, voyageait pour son agrément. Cet homme, instruit d'une manière aussi profonde que variée, avait reçu le baptême à l'âge de 28 ans. Charmé par la beauté, la suavité de la doctrine du saint Évangile ; frappé des exemples de vertu que lui avait donnés dans son adolescence un jeune instituteur catholique, à qui sa famille avait confié le soin de son éducation, il avait reçu le saint baptême dans un moment d'enthousiasme, et sans aucune préparation d'instruction ou de réforme de conduite. Aussi, cette première impression s'étant bientôt effacée, il ne pratiqua aucun des devoirs, ne remplit aucune des obligations qu'impose la religion chrétienne ; il ne faisait aucune prière. Sa conduite fut la même avant et après son baptême, et elle était déréglée. Vers la mi-novembre 1841, il était à Paris. Un dimanche au soir, il entre dans l'église de Notre-Dame-des-Victoires, pendant l'office de l'Archiconfrérie. Surpris de ce qu'il voit, de ce qu'il entend, il se sent touché de la grâce ; il fait de profondes réflexions dont le résultat est pour lui un vif et ardent désir de se réconcilier avec Dieu, et de vivre désormais en Chrétien. Le lendemain,...... mais écoutons-le lui-même nous raconter sa conversion :

« J'ai longtemps hésité, Monsieur le Curé, à vous donner le récit que vous m'avez demandé sur ma conversion, parce que, d'une part, tout ce qui a précédé cet heureux changement ne peut édifier personne, et tout ce qui l'a suivi est tellement simple qu'un seul mot suffirait. Ce n'est donc que le fait seul de ma conversion qui fera l'objet de cette lettre.

« Vous savez que, né en Allemagne d'une famille israélite distinguée, je demandai le baptême à l'âge de 28 ans. Mes rapports avec un pieux ami chrétien, une espèce d'enthousiasme qui m'avait saisi à la lecture de l'Évangile, m'avaient déterminé à ce grand acte que j'accomplis cependant assez légèrement ; car je ne connaissais, en quelque sorte, que la poétique du Christianisme, et j'y cherchais l'idéal du beau, bien plus que la pratique du bien et les conditions du salut.

« La philosophie allemande, enseignée par des hommes illustres, avait d'ailleurs captivé toute mon intelligence. Je voyais Dieu en tout ; c'était lui qui dormait dans la pierre, lui qui rêvait dans la fleur; lui qui pensait dans l'homme; je voyais dans tout ce qui m'entourait des êtres vivants, des frères et des sœurs; je brûlais d'un feu qui me paraissait tout divin, attisé par une imagination féconde et par de fortes études.

« C'était dans cette voie que je m'égarais de plus en plus; et les études médicales, auxquelles je me livrais plus par spéculation que pour en faire mon état, ne m'arrachèrent point à mes aberrations philosophiques.

« Ma vie n'était, en toute vérité, qu'une ivresse. Mais à l'orgueil de la science succédèrent bientôt les exigences de toutes les autres passions, dans lesquelles je me plongeais pour m'étourdir et me soustraire à l'aiguillon du remords. J'étais baptisé, mais je n'avais accompli aucun acte chrétien; j'avais la foi, mais une foi morte, purement scientifique, qui ne m'imposait aucun devoir : je regardais les formes du Christianisme comme des enveloppes dont le savant n'a que faire; et je n'y attachais pas la moindre importance.

« Ce fut dans cet état que je me mis à voyager. Maître de ma fortune, je ne mis aucune borne à ma soif de jouissances; je me cramponnais au monde, en foulant aux pieds tous les sentiments nobles et même toutes les considérations de la prudence humaine. Mais un ver me rongeait le cœur, et plus d'une fois des éclairs foudroyants jetèrent l'angoisse et la terreur au fond de mon âme.

« Un soir, j'étais seul, à Paris; seul au milieu de cette immense cité, où tant d'hommes se pressent et s'agitent ; abandonné à une tristesse amère, une voix intérieure me parla de confession et de communion. Comment s'est-il fait, ô mon Dieu! que moi qui ne m'étais jamais approché des sacrements, et qui les jugeais parfaitement inutiles, comment s'est-il fait que j'ai senti cette impulsion, et une impulsion tellement irrésistible, qu'il me fut impossible de la combattre. L'enfant, qui naît de parents chrétiens, est lavé dès son enfance des souillures du péché originel; il a entendu les paroles de l'Église, les instructions d'une mère pieuse ; il a les souvenirs de sa première communion, et combien ces traces ne sont-elles pas puissantes pour rappeler la brebis infidèle dans la voie de Dieu! Mais pour moi, grand coupable, je n'avais point ces antécédents; j'avais, au contraire, méprisé le don de Dieu, et ajouté un second péché au péché de mes pères. Je me trouvais dans la position de ceux dont parle l'Apôtre, quand il dit :
« Combien donc croyez-vous que celui-là sera
« jugé digne d'un plus grand supplice qui aura
« foulé aux pieds le Fils de Dieu; qui aura tenu
« pour une chose vile et profane le sang de l'al-
« liance par lequel il avait été sanctifié, et qui
« aura fait outrage à l'esprit de la grâce... Il ne

« lui reste qu'une attente effroyable du juge-
« ment. » (Épît. aux Hébr., ch. x, 27 et 29.)

« Comment pourrais-je donc assez louer le Verbe de la miséricorde éternelle, qui a fait entendre à mon cœur une parole de miséricorde ? Je n'avais plus qu'une pensée, me réconcilier avec Dieu par la confession et la communion.

« Dominé par ce désir, je me rendis dès le lendemain à l'église de Notre-Dame-des-Victoires. Ici se trouve le premier anneau d'une conduite toute mystérieuse et admirable de la Providence.

« On m'avait dit qu'à Notre-Dame-des-Victoires se trouvait un ecclésiastique qui savait l'allemand ; et bien que je possédasse la langue française, je crus mieux faire, pour être plus exact dans mes tristes aveux, de me servir de la langue maternelle. Je ne trouvai point le prêtre allemand ; mais un autre prêtre, me voyant dans la sacristie, m'aborda avec une prévenance qui, tout aussitôt, m'ouvrit le cœur. Le digne prêtre pressentait en ce moment, comme il me le confia plus tard, que Marie elle-même lui amenait une brebis égarée. Je lui demandai s'il savait l'allemand ; il me répondit que, sans savoir cette langue, il la comprenait cependant assez bien. Alors je lui déclarai l'objet de ma démarche, et le bienveillant ministre de Jésus-Christ m'emmena chez lui. Je lui fis alors un récit abrégé de ma vie ; je lui dis ma naissance, mes égarements d'esprit, mes erreurs et mes chutes ; et, tout en parlant, je fus frappé de l'émotion et de l'attention religieuse que je remarquais dans le ministre de Dieu. O rencontre merveilleuse! Cet homme de Dieu, au lieu de me faire entendre les sévères jugements de Dieu, me confia que lui aussi était de la race d'Israël; qu'il avait connu comme moi les déceptions de la science humaine, et qu'il comprenait toutes mes souffrances. Ses larmes se mêlèrent aux miennes; et je ne pouvais ne pas voir la main de Dieu, qui m'avait conduit justement vers l'homme qui seul peut-être, entre plusieurs milliers de prêtres qui sont à Paris, pouvait ressentir tout ce qui se passait en moi, et m'offrir les remèdes dont mon cœur était affamé. Comment me sera-t-il possible de remercier la miséricorde immense de Dieu! La mer se contente de jeter le pauvre naufragé sur un roc stérile; mais la bonté divine, plus vaste que l'Océan, nous envoie encore une main secourable qui nous sauve et nous guérit.

« La prudence de mon sage directeur ne hâta point l'œuvre de ma pénitence, et délia doucement les chaînes qui m'attachaient au monde; ce ne fut qu'après de longues épreuves, que je fus enfin admis à la Table sainte. Je fis ma première communion à l'autel du Sacré Cœur de Marie, à Notre-Dame-des-Victoires; j'y reçus une force que j'ignorais, et je n'eus plus de peine à préférer l'amour divin aux folles joies du monde. Je fis ensuite une retraite sous la direction de mon cher guide; et là, dans cette douce solitude, Dieu opéra en moi une transformation profonde ; il me semblait que jeté au fond d'un creuset il se faisait dans mon cœur une séparation violente, déchirante, crucifiante : l'homme nouveau, né en moi, était comme séparé et détaché de ma nature corrompue, et à ces vraies et incroyables douleurs succéda une paix infinie, qui coule comme un fleuve dans mon âme et m'inonde de reconnaissance et de joie. Cette retraite, elle a commencé, il y a bientôt deux ans; je n'ai pas encore pu me résoudre à la quitter. C'est là que j'attends les ordres de Dieu, auquel ma vie est consacrée.

« C'est à la divine Marie, à la Mère de toutes les grâces, à la reine de votre Archiconfrérie, que je dois toutes les grâces que j'ai reçues. Je ne puis retenir en moi ce cri de la vérité et ce témoignage de la reconnaissance.

« O fille de David, mère du roi des Juifs et reine d'Israël, c'est vous qui ramènerez au bercail les brebis égarées! c'est votre cœur qui obtiendra le pardon des enfants de votre peuple. Déjà les miséricordes divines se montrent de toutes parts; et partout où tombent quelques-unes des médailles qui portent votre image, on raconte les merveilles de Dieu. Je confesse hautement que mon amour pour Marie a commencé à déborder de mon âme après que l'une de ces médailles avait été attachée sur ma poitrine. Depuis lors, j'envoyai ces signes de bénédiction à ma mère et à mon jeune frère ; vous connaissez, Monsieur le curé, le changement merveilleux qui s'est opéré dans ce dernier. Ce jeune homme, âgé de vingt-quatre ans, plein de fougue et de talent, venait d'obtenir le diplôme de docteur. Il allait se lancer dans la carrière de ce monde quand l'esprit de Dieu se saisit de lui : voici la traduction de la lettre qu'il m'a écrite. »

Avant de donner à nos lecteurs la lettre de ce jeune frère, il est bon de consigner ici des détails, des éclaircissements nécessaires pour la leur faire comprendre :

Celui dont nous venons de rapporter la conversion répondit entièrement à la grâce dont Marie avait touché son cœur. Il entra dans les voies d'une piété tendre, sincère et profonde. Pendant cette retraite de deux ans dans une maison ecclésiastique, il fit de sérieuses réflexions sur sa vie passée, et fut récompensé par la vocation à l'état ecclésiastique. Il s'y prépara dès lors par l'étude de la théologie. Son jeune frère, qui va nous occuper tout à l'heure, avait un peu altéré sa santé par l'application apportée à ses études. Devenu docteur, avant d'exercer sa noble profession, il voulut réparer ses forces et alla prendre les eaux dans le Tyrol.

L'abbé F...., dont il va être question, est cet ancien précepteur catholique qui, après l'éducation des deux frères, embrassa l'état ecclésiastique, et se trouve aujourd'hui prêtre-vicaire d'une des paroisses d'Inspruck.

Voici actuellement la lettre du jeune frère, adressée à son aîné :

« A...., 12 décembre 1842.

« Cher et bien-aimé Frère,

« Je t'annonce enfin une nouvelle qui te remplira de joie. D'ici à quelques jours, je recevrai le baptême des mains de M. l'abbé F...., à Inspruck ; j'y passerai huit jours tout au plus et je reviendrai régénéré à Vienne. Je n'ai certes pas besoin de te dire que j'agis en cette circonstance par pure conviction et en dehors de tout intérêt humain. Les motifs qui m'inspirent sont la foi d'abord : dans une circonstance que je vais te raconter, elle s'est montrée à moi brillante et vive comme le soleil qui répand partout et toujours ses rayons sans jamais rien perdre de son intensité ; puis, c'est ma raison satisfaite, qui désormais reconnaît toute la grandeur et la vivante majesté du catholicisme et tressaille de joie en se soumettant au joug de la vraie liberté.

« Oui, le Sauveur a été pour moi le bon pasteur : dans son infatigable amour, il a cherché sa brebis égarée, jusqu'à ce qu'il l'ait retrouvée. Et je n'ai, quant à moi, aucun mérite dans l'œuvre de ma régénération, pas même celui d'avoir saisi la main que la grâce me tendait. La grâce a tout fait ! elle m'a vaincu, sans que je me sente blessé dans cette dignité dont l'homme est si fier ; car je me retrouve tout entier en Jésus-Christ. Je demeure dans ses plaies sacrées, je suis nourri du sang qui jaillit de son cœur, de ce sang, précieux héritage de l'humanité, unique offrande digne de son père céleste qui est aussi le nôtre.

« O toi, naguère mon frère selon la chair, aujourd'hui mon frère selon l'esprit, il y a longtemps que tu goûtes le bonheur dont mon âme est altérée : tu as connu les félicités du ciel, tu as reçu ton Sauveur, tu t'es si souvent et si intimement uni à lui que tu marches sans doute dans les voies de la perfection. Pour moi, l'Église était invisible. Mais, par une grâce toute providentielle, elle s'est rendue visible à mes yeux, elle a pris corps et vie devant moi.

« Je suivais depuis six semaines, dans mes études, les indications que m'avait données pendant les vacances, notre ami l'abbé F.., je lisais Moehler, Leibnitz, Leo....

« Un soir (c'était celui du jour de la fête de la Conception), je travaillais seul dans ma chambre. Je reçois la visite d'un de mes amis, un bon jeune homme, mais d'une foi tiède, sinon éteinte. La conversation tombe sur la religion. Il me fait quelques objections, je les réfute : je lui parle de la Trinité, de l'amour du Père qui a sacrifié son fils et le sacrifie continuellement pour nous ; je lui démontre avec enthousiasme la beauté du catholicisme ; et, tout en parlant, je me sens soutenu de Dieu ; il me semble que l'esprit du Seigneur m'élargit l'âme : la vérité m'apparaît dans sa céleste pureté ; les ténèbres me font horreur, la puissance de la foi me subjugue, le ciel s'ouvre devant moi, je touche au moment le plus heureux de ma vie.

« Invinciblement poussé par une force dont je ne puis me rendre compte, je m'adresse à la Vierge Marie, je la supplie d'ouvrir le cœur de mon ami au sens de la vérité.... et tout à coup, mon ami, remué déjà par mes paroles, éclate en sanglots, m'avoue qu'un poids affreux pèse sur son cœur, qu'il se sent contraint de m'en faire part.

« Je reste stupéfait ; mais dans mon cœur une voix me dit que Dieu se sert de moi pour opérer une œuvre de miséricorde.

« Il me raconte que, voulant rompre avec la foi catholique et se débarrasser des liens de la religion, il avait osé, dans une communion, jeter l'hostie sainte à terre, avec l'intention de la fouler aux pieds ; que, depuis lors, toute église lui faisait horreur à voir, qu'une main de fer semblait l'en repousser ; et que, pour étouffer ses remords, il s'était plongé dans tous les excès des sens, et les plaisirs les plus effrénés.

« Dans cette indifférence religieuse, il avait perdu tout élan du cœur, il n'entendait plus la voix de sa conscience; elle avait été sourde pour lui, même en ce jour, qui devait être celui de sa conversion, et il n'était venu chez moi que pour passer follement la soirée.

« O mon cher frère! quelle fut mon émotion en reconnaissant la miséricorde de notre Sauveur dans le repentir et la douleur de ce cœur contrit; en voyant toute la dignité de l'homme, quand il ressuscite en Jésus-Christ, et toute sa puissance quand Jésus-Christ opère en lui.

« Profondément converti, mon ami sanglotait toujours...., il m'avouait tous les torts de sa vie, même ceux dont il s'était rendu coupable envers moi, en maintes occasions, et qui devaient rester complétement ignorés. Oh! combien je sentais que cette humilité sincère et profonde, et cette abnégation de lui-même lui donnaient de supériorité sur moi! Mais aussi, combien j'étais heureux de sentir que la foi vivante au Sauveur avait opéré sur son cœur par ma parole! Je glorifiais le Seigneur, comme Siméon, de m'avoir montré le Messie, de m'avoir arraché aux liens du péché, d'avoir vaincu mon fatal endurcissement.

« Ah! désormais plein de reconnaissance envers mon Dieu et mon Sauveur, je veux vivre et mourir en Jésus-Christ.

« J'espère être baptisé avec le nouvel an. Mon acte de naissance est déjà entre les mains de l'abbé F..., qui se charge de presser les choses.

« Tel est, mon cher frère, le récit simple et véridique de ce qui s'est passé. Il n'y a ici ni illusion des sens, ni prestige de l'imagination, rien de prémédité, rien de fantastique. C'était dans ma chambre. Je n'étais échauffé par aucun excès ; je n'étais sous le poids d'aucun malheur ; j'étais à l'abri de toute influence extérieure.

« Et tout cela afin que l'opération divine fût plus évidente.

« Oui, c'est l'œuvre de Dieu ; c'est un miracle, quoique tout soit naturel, sauf la grâce victorieuse qui touche et vivifie les cœurs.

« En voilà assez... Mais, non, jamais assez pour mon cœur, qui ne cessera de louer Jésus-Christ et son infinie miséricorde. Pèse bien ce fait, mon cher frère, et tu tomberas à genoux avec moi pour glorifier le Dieu trois fois saint, qui a eu pitié d'Israël, et a ramené miraculeusement sa brebis au bercail.

« O Vierge sainte, mère des pécheurs, je vous confie dès à présent le salut de mon âme ; car vous m'avez aimé et exaucé avant que je vous connusse, alors même que je vous outrageais. Oh ! ayez pour l'homme nouveau, si faible encore, la maternelle sollicitude que vous portiez à l'Enfant-Jésus, et dirigez mes pas dans la voie du ciel ! »

Et notre premier néophyte, le converti de Notre-Dame-des-Victoires. Nous écrivait : « Monsieur le Curé, après de telles grâces, je n'ai plus de paroles ; je ne puis qu'adorer en silence. Mais je ne terminerai point sans recommander encore aux suffrages de l'Archiconfrérie, à laquelle je dois déjà tant de reconnaissance, la conversion de ma mère si aimée et de mes frères en Israël. »

Nous aussi, bien-aimés confrères, nous aussi, tout habitués que nous sommes à voir la puissante et bénigne Marie prévenir et combler nos vœux par de riches faveurs, par des grâces magnifiques, nous n'avons point de paroles pour exprimer nos sentiments. Une douce stupéfaction s'empare de notre esprit, surpasse tout sentiment. Adorons en silence ; mais donnons à ce tribut de notre reconnaissance toute l'étendue qu'il peut avoir par l'étude et la considération du prodige que la grâce a opéré.

Nous connaissions déjà un peu notre jeune converti par ce que nous en avait dit son frère. *C'est,* disait-il, *un jeune homme plein de fougue et de talent,* juif, par conséquent élevé dans la haine de Jésus-Christ et le mépris de Marie. Ce double et impie préjugé n'était point chez lui l'effet d'un sentiment religieux. On sait, et il est avéré qu'aujourd'hui, les débris de la race d'Israël ne professent plus aucune doctrine religieuse, à moins qu'on ne convienne d'appeler de ce nom les contes absurdes et ridicules que leurs rabbins ont substitués depuis plusieurs siècles à la sainte doctrine contenue dans le Pentateuque de Moïse. La population juive se divise en deux classes, les riches et les pauvres. Les pauvres ne savent de la religion que le dogme de l'existence de Dieu, et cette première et unique connaissance est obscurcie par le fratras d'idées superstitieuses qu'entasse dans leurs esprits l'enseignement rabbinique. Leur culte consiste dans une foule de pratiques, d'observances ridicules, sans objet, gênantes à l'excès, et qui ne peuvent que rapetisser l'esprit et fausser le jugement. C'est au moins un lien qui les met dans le cas de se reconnaître, et qui les unit entre eux. Les riches donnent à leurs enfants l'éducation de nos collèges, moins l'enseignement de la religion, et ce défaut n'est point compensé par des instructions dans la famille. Car les personnes de cette classe, entièrement possédées par l'amour de l'argent, esclaves des embarras d'affaires, qui peuvent augmenter leur fortune temporelle, ne font diversion à ces soins qui les absorbent qu'en se livrant à tous les plaisirs, à la dissipation, et aux habitudes du monde. Leur esprit est trop élevé, trop éclairé, pour donner la moindre créance aux contes des rabbins. Ils n'ont aucune religion, et leurs enfants sont élevés sans aucun principe, sans aucune notion religieuse. Voilà ce que nous ont appris plusieurs Israélites nés de familles distinguées, et amenés par la bonté divine à la vérité catholique; voilà, comme nous l'a dit son frère, quelle avait été l'éducation de notre néophyte. Il avait, à la vérité, un précepteur catholique, mais à qui il était sévèrement interdit d'entretenir ses élèves de religion, et qui ne pouvait leur enseigner que les sciences humaines.

D'après ces précédents, notre nouveau frère ne devait, ne pouvait apporter aucune disposition à la grâce de la foi chrétienne et catholique; tout, au contraire, semblait le prévenir contre elle. Il est vrai qu'il connaissait la conversion de son frère. Mais cette circonstance elle-même était un obstacle à ce qu'il l'imitât. On sait quels déchirements, quelles dissensions, quelles haines un pareil événement excite dans les familles israélites contre ceux de leurs membres que la vérité soumet à son saint empire. Malheureux aveugles depuis tant de siècles, sans foi, sans loi, sans autel, et qui repoussent avec opiniâtreté et colère la lumière qui veut les éclairer ! Le caractère, l'esprit de notre jeune néophyte étaient encore des obstacles à sa conversion. Son frère aîné nous a dit qu'il était *plein de fougue et de talent*. Docteur-médecin à l'âge de vingt-quatre ans, quel aliment pour sa vanité, son orgueil ! exalté par ces études médicales, qui enfoncent si avant dans la boue du matérialisme presque tous ceux qui les pratiquent, quand leurs esprits ne sont pas gardés par la foi, et leurs cœurs par la pratique des vertus religieuses ! Il est vrai que depuis six semaines il se livrait à des études de polémique religieuse, mais insuffisantes pour convertir son cœur, même pour éclairer son esprit, et qui d'ailleurs n'étaient peut-être faites que dans un esprit de critique. Enfin c'est aux eaux, séjour de dissipation et de plaisirs, que cet événement a lieu.

Oui, c'est dans des circonstances aussi inopportunes que ce jeune homme passe subitement des ténèbres de l'infidélité à la lumière de la vérité; nous en avons la preuve dans la lettre qu'il écrit à son frère : elle contient la profession de sa foi, elle trace le tableau des vertus, des sentiments qui animent son cœur. Voyons actuellement comment ce prodige s'est opéré.

D'abord, depuis près de deux ans l'Archiconfrérie, à qui son frère l'avait recommandé, priait pour lui. Et c'est un jour de fête de la très-sainte Vierge, c'est le jour où l'Église catholique honore et solennise le glorieux privilége de l'Immaculée Conception de Marie, le 8 décembre, que la grâce conquiert à Jésus-Christ et à sa sainte Église ce nouvel enfant. Quelle est l'occasion de cette merveille? La visite que lui fait un ami libertin et impie, qui dans cette démarche ne s'est proposé que de *passer follement sa soirée*. Ils parlent religion. Ici tout doit être scandale pour un pauvre infidèle de la part d'un impie qui veut apostasier, qui en a contracté l'affreux engagement en se rendant coupable d'un acte de frénésie et d'impiété satanique. Et c'est l'infidèle, transformé en apôtre, qui défend la cause de la vérité! Un changement miraculeux s'opère en lui. Il dit ce qu'il ne sait pas, ce à quoi il n'a peut-être jamais pensé. En parlant, « il se sent soutenu de Dieu, il lui « semble que l'esprit du Seigneur lui élargit « l'âme, la vérité lui apparaît dans sa céleste pu- « reté, les ténèbres de son esprit lui font horreur. « La puissance de la foi le subjugue, le ciel s'ou- « vre devant lui, il touche au moment le plus « heureux de sa vie. »

Il a étonné, ému, son ami, mais il y a loin de l'émotion à la conversion pour un si grand criminel. Il le voit, il en frémit. L'esprit de Dieu, qui le possède déjà, l'enflamme du désir du salut de ce coupable. Pour l'obtenir, il s'adresse à Marie. Un juif invoquer la Mère de Jésus crucifié par ses pères ! *Il la supplie d'ouvrir le cœur de son ami au sens de la vérité.* A peine a-t-il invoqué la douce Reine des cœurs, que cet audacieux criminel verse des torrents de larmes, éclate en sanglots, lui révèle l'horrible forfait dont il s'est rendu coupable, lui découvre toutes les turpitudes, les infamies, les perfidies de son cœur, lui raconte les tourments, les angoisses dont il est déchiré par le souvenir de son crime. Et dans ce moment où les anges du ciel contemplent ce prodige de l'infinie miséricorde, deux pécheurs se convertissent au Seigneur. Un impie, un profanateur sacrilége verse des larmes d'un repentir sincère, accuse ses crimes, et révèle spontanément les horribles et secrètes pensées de son cœur. Un infidèle « glorifie « le Seigneur, comme Siméon, de lui avoir mon-

« tré le Messie, de l'avoir arraché aux liens du
« péché, d'avoir vaincu son funeste endurcisse-
« ment. »

Ah! qu'ils sont beaux les sentiments que la grâce et la foi lui inspirent! qu'il a été doux pour le ciel, pour les anges, qu'il est doux pour nous de l'entendre s'écrier : « Ah! désormais, plein « de reconnaissance envers mon Dieu et mon « Sauveur, je veux vivre et mourir en Jésus-« Christ! »

Heureux témoins de tant de prodiges, bien-aimés confrères, nous à qui il a été donné de les solliciter de la clémence divine, de les préparer par l'intercession du Cœur Immaculé de Marie, nous enfin, pleins de reconnaissance envers notre grand Dieu, notre doux Sauveur, écrions-nous : *Je veux vivre et mourir en Jésus-Christ.* Que ce cri de la reconnaissance et de l'amour monte sans cesse vers le ciel, qu'il soit entendu de toutes les parties de la terre, que souvent répété par les innombrables enfants du Cœur de Marie, il porte à cette sainte Mère l'hommage le plus désiré par son cœur.

Notre néophyte se rendit à Inspruck peu de jours après avoir écrit à son frère. Là, près de M. l'abbé F..., il se prépara à devenir chrétien. Il reçut le saint baptême un des derniers jours de décembre, et le même jour le Dieu Sauveur, à qui il avait promis de *vivre et de mourir pour lui*, prit possession de son cœur par la divine communion. Il a rempli son engagement ce jeune et fervent chrétien ; il a vécu pour Jésus-Christ. La durée de son exil loin de cette patrie qu'il venait de conquérir ne se prolongea pas longtemps ; il s'endormit du sommeil du juste six semaines après son baptême. Il était resté à Inspruck, pour prendre sous la direction de son ami l'abbé F.... l'habitude des pratiques de la vie chrétienne ; pendant ces six semaines, il eut le bonheur de s'asseoir plusieurs fois à la table sacrée et d'y manger le pain des anges. A la fin de la première semaine de février 1843, un malaise, suite d'un réfroidissement subit, l'obligea d'interrompre une promenade qu'il faisait avec son guide spirituel. De retour à la maison, il se mit au lit plus par précaution que par le sentiment d'un véritable besoin ; le lendemain, il ne ressentait aucune souffrance, mais il était accablé sous le poids d'une grande faiblesse. Le soir un mieux trompeur vint calmer la légère inquiétude que cette indisposition avait causée à ses amis. Mais le lendemain matin, la faiblesse, qui avait pris sur la fin de la nuit un caractère alarmant, leur révélait la réalité du danger. L'abbé F.... l'avertit de se préparer à paraître devant Dieu. A 24 ans, à l'entrée d'une carrière honorable et avantageuse, un pareil arrêt, quand rien n'y a préparé l'esprit est un coup de foudre. Notre jeune chrétien l'entendit avec la soumission d'un saint et la joie d'un exilé auquel on annonce le retour prochain dans sa patrie. Il ne demande aucune explication, il appelle un notaire, règle les affaires de la terre, parle avec effusion de cœur de sa mère, de ses frères. Sa mère et l'un d'entre eux sont encore dans l'infidélité; il invoque pour leur salut la miséricorde de Jésus-Christ, la compassion de Marie; il est ensuite lavé dans le sacrement de pénitence et purifié des taches que la fragilité humaine lui a fait contracter. Quatre jours avant, il s'était assis au céleste banquet; maintenant l'huile sainte coule sur ses membres, il s'unit au Dieu Sauveur par la réception du saint Viatique que lui administre l'abbé F... A partir de cet instant, il ne vit plus sur la terre, il demande le crucifix, il le couvre de baisers, il l'arrose de ses larmes, il exprime par des paroles de feu sa reconnaissance et son amour. Ses amis pleurent autour de son lit; il les console, il leur parle de sa joie, de son bonheur, de ses espérances; il exalte la grâce de sa vocation. Une grande partie du jour s'écoule au milieu de ces transports qui charment ses souffrances; il conserve jusqu'au dernier instant l'usage de toutes ses facultés; et un dernier souffle, qu'il rend la main appuyée sur le crucifix qu'il a placé sur son cœur, annonce à ses amis que son âme a brisé ses liens et s'est envolée vers les cieux.

Le voilà donc consommé le mystère de la divine miséricorde, ô Marie! ô ma bonne et tendre Mère! ô refuge assuré des pécheurs! ô espérance, ô ressource des plus désespérés! jamais je n'avais eu une perception plus sensible de la toute-puissance que Dieu vous a confiée, de l'amour, de la miséricorde, de la compassion que vous avez pour les pauvres pécheurs, que dans ce trait que je viens de rapporter! Sainte et pacifique guerrière, qu'ils sont beaux les triomphes que vous remportez sur l'enfer! Aimable et puissante Souveraine, vous vous jouez de tous les obstacles que Satan accumule! Il avait réuni deux ennemis de votre divin Fils, un pauvre infidèle qui le haïssait sans le connaître, et un mécréant, un blasphémateur sacrilége. Que d'insultes à la gloire divine, que d'outrages il méditait contre elle et contre vous! Mais c'était l'anniversaire de ce jour glorieux où votre Conception immaculée écrasa la tête du serpent infernal, son audace insolente devait être brisée. Eh! qu'avez-vous fait, vous, à qui toute-puissance a été donnée dans le ciel et sur la terre? Deux pécheurs intéressaient votre compassion : l'un par l'énormité de ses crimes, l'autre par la profondeur de son ignorance : vous avez choisi l'infidèle; en un clin d'œil vous avez, en inspirant son cœur, éclairé son esprit; vous l'avez engendré à Jésus-Christ, et vous en avez fait un apôtre : deux cœurs coupables sont devenus votre conquête. Eh! quelle a été votre tendresse, ô douce Mère! pour cet enfant de votre prédilection? Tendre Mère, vous l'avez gardé dans son innocence, jusqu'au moment où, mûre pour le ciel, son âme a quitté la prison terrestre. Oh! sans doute, vous l'avez recueillie à son passage, et vous l'avez présentée vous-même à votre divin Fils. O Vierge sainte, ô mère de la grâce, notre espérance, notre salut ; lisez dans nos cœurs, nous ne savons, dans notre admiration et notre reconnaissance, nous ne savons plus que dire : Gloire à Dieu au plus haut des cieux, louanges, amour et bénédiction à Marie dans le ciel et sur la terre !

Tous ces détails sur les derniers instants de notre jeune et heureux frère nous les devons à la communication d'une lettre de l'abbé F... à son frère. Le pieux ecclésiastique, qui avait constamment vécu avec lui depuis son baptême, attestait la sainteté de sa vie depuis ce moment, et, tout en donnant des larmes à un ami tendrement chéri, exprimait une pieuse joie de lui avoir vu ravir si rapidement la couronne immortelle.

Conversion d'un jeune homme. — Un lundi de septembre, à huit heures du matin, un très-beau jeune homme, élégamment vêtu, nous aborde les yeux baissés dans la sacristie, et nous demande un entretien particulier. Introduit dans notre cabinet, il nous dit : « Vous avez devant vous, mon père, un jeune homme souillé par tous les excès, couvert de crimes contre Dieu, la société et lui-même. Depuis huit ans, je mène la vie la plus honteuse, la plus criminelle ; je n'ai rien refusé à mes passions. Je me fais horreur ;

le désespoir est prêt à s'emparer de moi. J'ai une lueur d'espérance; je l'ai conçue des paroles que je vous ai entendu dire hier au soir. Je viens vous demander si je puis espérer que Dieu daigne me pardonner une vie toute de crimes pendant huit ans; et pour vous mettre à même d'en juger, je vous prie d'écouter l'histoire abrégée de ma vie et ce qui se passe en moi dans ce moment. Je suis né en pays étranger, d'une famille opulente et distinguée. J'ai reçu dans ma jeunesse l'éducation la plus soignée, la plus complète. A l'âge de vingt ans, je demandai à venir à Paris; mes parents m'en donnèrent la permission; on fixa ma pension à 18,000 francs, en m'assurant que, si cette somme ne suffisait pas, on y ajouterait, parce qu'on voulait que je vécusse d'une manière digne de la position de ma famille. J'avais des mœurs en arrivant à Paris; livré à moi-même, je ne tardai pas à être séduit, et je devins bientôt corrupteur. Mon père, ma vie depuis huit ans est un tissu de désordres; esclave de mes sens, je me suis abandonné à toutes leurs exigences. Excepté la débauche crapuleuse, je suis coupable de tout. Les premières impressions d'une éducation chrétienne se sont présentées à moi dans les commencements de mes désordres; elles m'ont reproché ma criminelle conduite. J'ai su bientôt me délivrer de ces remords que j'ai étouffés à force d'excès. J'en étais venu à ne plus penser, à ne plus rien sentir de bon et d'honnête. Hier encore, tout en continuant d'autres liaisons criminelles, j'allais en nouer une nouvelle, et c'était un adultère. Je me rendais seul à pied au lieu où la passion m'offrait un nouveau crime à commettre. Je passais près de votre église, j'entends des chants; plusieurs personnes entraient, je les suivis. Une fois dans l'église, je fus frappé de l'affluence, ému par le chant. Tout me paraissait venir du haut de l'église, à droite, où je voyais rayonner les lumières. Je voulais pénétrer jusque-là, mais la foule était trop compacte. J'essayai d'arriver par le collatéral à droite, je ne parvins qu'avec peine à la chapelle en face de la chaire. Je ne voulais que voir ce qui se passait, et sortir ensuite ; un évêque monta en chaire ; il parlait bien, mais j'écoutai avec indifférence ce qu'il disait. J'étais, sans m'en apercevoir, tombé dans une rêverie indéfinissable. Alors, mon père, vous avez lu une lettre d'un jeune homme moins coupable que moi, mais fatigué d'une vie dissipée et licencieuse, et qui vous demandait de faire prier pour sa conversion. Je ne puis vous rendre l'impression que me fit cette lecture, quels chocs d'idées ébranlèrent ma tête bouleversée; une lueur soudaine vint m'éclairer ; je vis l'inutilité, le désordre, la honte de ma vie. J'aurais voulu être celui qui vous avait écrit, et puis les conséquences d'une conversion me faisaient trembler ; je repoussais cette pensée ; mais bientôt le souvenir de tous les dégoûts, des fatigues, des ennuis qu'il m'a fallu supporter pendant huit ans, des bassesses auxquelles il a fallu me plier pour contenter une passion que rien ne peut assouvir ; toutes ces pensées agitaient mon esprit à la fois. Elles m'étourdirent au point de m'empêcher de vous entendre pendant quelque temps. Vous élevâtes la voix, cela me rendit l'attention. Je vous entendis encourager ce jeune homme à suivre la voix qui parlait à son cœur, lui promettant que Dieu lui pardonnerait. Je recueillis bien ces mots : *Courage et confiance*. Pendant que je vous écoutais, il me semblait entendre en moi-même ces paroles : C'est à toi que ce prêtre parle. Vous terminâtes en disant qu'il n'était pas possible que cette lettre n'eût pas fait impression sur plusieurs des auditeurs pour qui elle était un miroir dans lequel ils devaient se considérer, et vous recommandiez qu'on les comprît dans les prières qu'on allait faire. Quand vous fûtes à l'autel, tout le monde se mit à genoux, j'en fis autant. Ah ! c'était la première fois depuis huit ans. Je reconnus les Litanies la Vierge ; je ne priais pas, je ne pouvais ; j'étais en proie à une agitation, à un combat d'idées inexprimables. Cependant, quand on chanta *Refugium peccatorum*, je me réveillai, et je dis aussi *Refugium peccatorum, ora pro nobis* ; je le répétai plusieurs fois, et il me sembla être plus tranquille. Quand l'office fut fini, et tout le monde parti, j'étais encore là sans m'apercevoir que je me trouvais seul. Mes genoux semblaient collés à la terre. Je ne pouvais prier, j'étais trop agité, et j'y serais resté longtemps encore, si un homme n'était venu m'avertir qu'on allait fermer les portes. Rentré chez moi, je n'ai pas fermé l'œil de la nuit. J'ai repassé dans le silence ma vie pendant huit ans; je la trouve honteuse, criminelle, exécrable. J'ai abusé de tous les dons de Dieu; j'avais de la noblesse, de la dignité dans le caractère, et je me suis abaissé aux fourberies les plus honteuses pour assouvir mes passions; j'ai trahi l'amitié, j'ai porté le déshonneur dans les familles; j'ai outragé Dieu, j'ai violé ses lois, je mérite sa colère. Je me repens, j'ai honte et horreur de moi-même. Je voudrais mener une autre vie, une vie chrétienne, mais le puis-je? et Dieu voudra-t-il me pardonner? Cette crainte m'atterre. Oh! si vous n'aviez pas dit hier *courage et confiance*, il y a eu cette nuit des moments de bouleversement et d'horreur pendant lesquels je ne sais pas ce que j'aurais fait. »

Il fallait répondre à cette âme en peine, ce n'était certes pas difficile. Cependant, elle était dans une disposition particulière; la grâce l'avait frappée, mais elle n'était pas touchée. Le fort armé était encore dans son cœur, et faisait violence pour le garder. Ces craintes de la rigueur de la vie chrétienne, cette défiance de la miséricorde de Dieu, ces tentations de désespoir pendant la nuit, ces regrets humains de la noblesse, de la dignité de son caractère qui balançaient et semblaient même surpasser le regret d'avoir offensé Dieu, indiquaient que la grâce n'avait encore fait que tourner autour de ce cœur sans y pénétrer. Je ne crus pas à propos dans cette circonstance de faire au jeune homme une longue exhortation dont il aurait peut-être, à son grand préjudice, discuté les raisons; je pensai qu'il fallait ouvrir promptement son cœur à la grâce. Je lui dis d'un ton d'autorité tempérée par l'affection : « Je crois aussi fermement, mon fils, que Dieu veut vous pardonner, que je crois qu'il existe. Il veut bien vous en donner la preuve en vous découvrant le misérable état de votre âme. Votre conversion est commencée par sa grâce ; il attend pour l'achever que vous y concouriez par une sainte confession. Je vous engage à la commencer tout de suite. — Mais je ne puis pas, je ne m'y suis pas préparé, je ne saurais comment m'y prendre. — Je ne m'effraie pas de cette difficulté. C'est le seul moyen de rendre le calme à votre esprit et la paix à votre cœur. Je vous aiderai, commençons : mettez-vous à genoux. »

Ce que j'avais prévu, arriva. L'agitation cessa et fit place au repentir. Il se releva pénitent et consolé. Le travail et le progrès de la grâce dans cette âme ont été rapides et admirables. Sa foi devint vive et ardente ; sa confiance, son amour pour Dieu remplissaient son cœur, la contrition le dévorait. A chaque péché dont il faisait l'aveu, il éclatait en sanglots, il versait des larmes abondantes, il se baissait jusqu'à terre. « Où me cacher, disait-il, où me cacher, misérable que je suis? Voilà pourtant l'abus que j'ai fait de vos grâces, et vous m'avez supporté, Seigneur. Oh! grande miséricorde, que serais-je devenu, si vous m'aviez frappé quand je méritais tant votre colère? » J'étais obligé de le confesser en un lieu particulier ; on l'aurait entendu ; il parlait à voix haute et en sanglotant. Sa confession dura six jours ; il venait tous les jours, et c'était son unique consolation. Pendant tout ce temps, lui, habitué à une vie si dissipée, il n'a plus trouvé de joie, de bonheur que dans la solitude. Il n'est sorti de chez lui que pour venir deux fois par jour passer une heure à l'église, au pied de l'autel du saint cœur de Marie ; il a rempli le reste de son temps par des prières, des lectures pieuses et l'examen de sa conscience. J'eus le bonheur de le réconcilier avec Dieu le samedi qui suivit le dimanche où Marie l'avait amené à ses pieds ; je l'en avais prévenu la veille. Quand je lui annonçai que j'allais lui donner l'absolution, il me regarda avec inquiétude : « Mon père, n'est-ce point précipité? je n'ai point fait pénitence de mes crimes. » Je le rassurai en lui parlant des mérites de Jésus-Christ ; il se prosterna à terre. Quand il se releva, il prit mes mains, les couvrit de baisers et les arrosa de ses larmes. « Mon père, que je suis heureux! Tout à l'heure j'étais un monstre, et

Dieu m'a pardonné. Je le sens à la grâce, à la paix qui remplissent mon cœur. Oh! mon père, je serai chrétien; je le promets à Dieu, à Marie et à vous. Que vous m'avez fait de bien! Permettez-moi de vous embrasser; c'est mon cœur que je veux vous donner après Dieu; je vous le dois pour toutes les bontés que vous avez eues pour moi. » Nous nous embrassâmes en pleurant. Il me dit encore : « Mon père, je suis arrivé faible à Paris, j'y suis devenu criminel. Tout à l'heure encore j'étais un monstre, Dieu m'a pardonné, sa grâce m'a justifié. Mais je suis encore faible, et je pourrais redevenir criminel, si je restais dans cette Babylone qui m'a perdu. Je la quitte lundi soir; ma place est arrêtée; je retourne dans mon pays, au sein de ma famille. » Il eut le bonheur de communier à la messe du samedi, pour la conversion des pécheurs.

Guérison d'un épileptique.

« Mon frère,

« Vous demandez qu'on vous donne le détail de la guérison de notre frère Jean-Joseph : il était attaqué d'une maladie d'aliénation qui l'empêchait de dormir pendant qu'il était attaqué : il ne pouvait se tenir tranquille, il ne pouvait se tenir longtemps à l'ouvrage; il était si maigre, et cependant il avait nuit et jour un appétit dévorant. Presque rien de ce qu'on faisait à la maison ne lui plaisait ; une parole qui n'était pas dite à son idée le mettait hors de lui-même, et il faisait des jurements épouvantables, ce qu'il ne faisait pas auparavant.

« Toute la maison était affligée en le voyant dans un pareil état, on n'osait presque parler, ni en bien ni en mal, en sa présence, presque tout ce qu'on disait le mettait en colère.

« Plusieurs fois maman s'est trouvée à la prière du soir où M. le curé lisait les miracles opérés par Notre-Dame-des-Victoires, elle s'est imaginée qu'en nous adressant à elle, le mettant sous sa protection, nous pourrions obtenir sa guérison ; maman en a parlé à M. le curé, qui nous a engagé à vous écrire à ce sujet. Quelques jours après nous nous sommes aperçus qu'il était moins agité. Le billet d'admission étant arrivé, il l'a lu d'un bout à l'autre, quoique son esprit ne soit pas tout à fait présent, cela l'a saisi et a fait sur lui une vive impression, il a dit qu'il désirait aller à Paris, pour voir s'il se plairait bien avec vous. Cela a été de mieux en mieux, il a quitté ses blasphèmes, a repris un peu de goût à l'ouvrage, et à présent il travaille comme il faut ; il ne lui reste plus que quelques moments d'impatience, qui ne durent pas longtemps, il place très-bien ses paroles ; aussitôt qu'il a lu la lettre que vous avez eu la bonté de lui envoyer, cela lui a fait beaucoup de plaisir, et il a de nouveau répété qu'il irait à Paris. »

Dans le cours du mois de février 1841, le jeune frère novice vint me trouver dans la sacristie de Notre-Dame-des-Victoires, un dimanche, à l'issue des vêpres, et me dit que son frère, qui avait été guéri, était venu à Paris remercier la sainte Vierge, qu'il était dans l'église, et que, si je voulais le voir, cela lui ferait bien plaisir ; car il voulait aussi me remercier. Je lui dis de me l'amener, m'attendant à voir un jeune homme maigre, pâle et fatigué d'une longue route qu'il avait faite à pied. Je fus bien étonné en voyant un grand et beau garçon de cinq pieds six pouces, gras comme on l'est à cet âge, les joues pleines et couvertes de belles couleurs. Son frère, plus petit, ne paraissait rien auprès de lui. Dans ma surprise, je lui dis : « Eh ! mon ami, est-ce vous qui avez été
« malade ? — Oui, Monsieur, bien malade et pen-
« dant bien longtemps. — Mais, comment avez-
« vous été guéri ? — Monsieur, quand le petit
« papier que mon frère a envoyé à la maison fut
« arrivé, je voyais que tous nos gens le lisaient,
« et puis qu'ils se regardaient ; je le pris, et pen-
« dant que je le lisais, il me sembla que la bonne
« Vierge me disait que c'était pour me guérir,
« et depuis ce temps-là je suis guéri. — Et vous
« n'avez point ressenti du tout votre maladie ? —
« Non, du tout. — Travaillez-vous, la force vous
« est-elle revenue ? — Oui, Monsieur, je travaille
« comme nos gens et avec eux ; j'ai de la force
« comme avant. Je suis venu de chez nous à pied.

« et je n'étais point las. » Après ces détails, qui se prolongèrent pendant quelques instants, le jeune homme répondait avec bon sens à mes questions, je le vis mettre la main à son gousset, en me disant avec timidité : « Je voudrais donner
« quelque chose à la bonne Vierge, pour la re-
« mercier. — Gardez, mon enfant, gardez ce que
« vous avez ; la sainte Vierge ne vous demande
« que votre cœur. Témoignez-lui votre recon-
« naissance en servant Dieu fidèlement toute
« votre vie. Donnez-lui votre cœur pour qu'elle
« le consacre à votre divin Sauveur. » A ce refus, le jeune homme rougit beaucoup et prit un air triste. Son frère, qui s'en aperçut, me dit : « Il
« voudrait donner à la sainte Vierge des boucles
« d'oreilles. — Comment ! des boucles d'oreilles ?
» — Oui, il portait des boucles d'oreilles, et, de-
« puis qu'il est guéri, il les a ôtées pour les don-
« ner à la sainte Vierge. — Mais, mon ami, vous
« n'avez que dix-neuf ans, vos parents peut-être
« n'approuveraient pas cela. — Si, je leur ai dit
« que je voulais les donner à la sainte Vierge ; ils
« m'ont dit : Tu feras bien. — En ce cas, puis-
« que cela vous fait plaisir, je les accepte ; mais
« je vous préviens que je les ferai vendre pour
« la décoration de son autel. — Ça ne me fait
« rien, pourvu que je les donne à la sainte
« Vierge. » Et le bon jeune homme reprit son air content, et me donna deux boucles d'oreilles en or.

Rapport fait à Mgr l'évêque de Grenoble, par M. le curé de Voiron, de la guérison subite de Mademoiselle Marie Deschaud-Beaume de Charavines, envoyé à l'Archiconfrérie, par M. le curé de Voiron.

Mademoiselle Marie Deschaud-Beaume de Charavines, âgée de vingt ans, venue à Voiron dans l'espoir que le changement d'air rétablirait sa santé, était atteinte d'une maladie dont les accès, depuis sept heures et demie du soir jusqu'à huit heures du matin très-régulièrement, la laissaient sans parole, l'agitaient si horriblement que sa tête, amenée violemment presque jusqu'à ses genoux, était aussitôt ramenée sur son traversin avec tant de roideur, que le lit solide et fait exprès pour elle, gémissait à chaque coup; deux autres lits avaient déjà été cassés. On comptait quelquefois plus de quarante et de cinquante coups de suite, pendant lesquels la malade ne pouvait faire usage de ses mains pour essuyer la sueur dont son visage, dès le commencement de la crise, était tout inondé; puis restant quelques instants sans mouvement et toujours sans parole, tous ses membres étaient flexibles et comme morts. Pendant sept mois consécutifs son estomac, rejetant tout aliment de boisson, ne supportait que l'eau sucrée; pendant tout ce temps elle ne put fermer l'œil une seconde, ni jour ni nuit, et elle fut constamment au lit d'où on ne la levait, vu sa grande faiblesse, surtout à la fin, que tous les huit ou quinze jours; un médecin appelé lui donna un traitement fidèlement suivi dans les quinze premiers jours de la maladie, mais qui ne fit qu'ajouter cinq heures de crise jusqu'à la guérison. Depuis elle n'a pris aucun remède.

« Le changement d'air n'eut pas un meilleur succès. Mademoiselle Marie, pendant tout le mois de mai qu'elle a passé malade à Voiron, s'affaiblissait de plus en plus. Quelques jours avant sa guérison elle resta évanouie pendant deux heures, sa sœur la crut morte. Outre le temps des crises, elle perdait souvent la parole pendant le jour; et, au moins deux fois par semaine, elle était dans de si horribles souffrances, qu'elle se croyait à son dernier moment. Tel était l'état de la malade jusqu'au jeudi d'avant la Pentecôte. Ce fut ce jour-là, qu'après avoir dit à la sainte Vierge, dans son cœur, à chaque coup qu'elle donnait pendant la nuit, comme elle me l'avait promis : *Sainte Marie, guérissez-moi,* que la crise finit à cinq heures du matin. Avant d'aller voir la malade et de croire à la guérison, j'attendis, et ce ne fut qu'entre neuf et dix heures du soir, que deux ecclésiastiques et moi, fûmes la visiter. Nous la trouvâmes tranquille, parlant très-bien, riant et ayant déjà mangé deux oranges. Elle n'avait pu pendant sept mois prendre un grain de raisin sans le rejeter aussitôt; la sainte hostie seule

passait aussi facilement que lorsqu'elle était en parfaite santé. Puisque j'ai la permission de le dire, je ne dois peut-être pas omettre qu'étant resté seul avec elle, elle me fit part d'une crainte, celle d'avoir été exaucée : « Dieu m'ayant atta-
« chée à la croix, je ne devais pas demander à
« en descendre. Je touchais à la couronne; ne
« la perdrai-je pas plus tard?..... » Et pour ne point aller contre ce qu'elle croyait la volonté de Dieu, et obéir en même temps à son directeur, elle disait jusqu'à la veille de sa guérison, une fois : *Mon Dieu, guérissez-moi !* Et cinq à six fois : *Mon Dieu, ne me guérissez pas !* Je ne dois pas, je pense, répéter à Monseigneur, ce à quoi il faut attribuer des sentiments si relevés et si soutenus dans une épreuve si longue et si terrible. Loin de me rendre à la crainte de la malade, je lui recommandai de demander à venir communier le jour de la Pentecôte à la grand'messe de paroisse, à sept heures. La maison qu'habitait mademoiselle Marie était dans la campagne, à une demi-heure de l'église paroissiale. Le lendemain vendredi, pour la première fois depuis sept mois, la malade sort du lit et se tient trois heures levée; mais, quand elle veut marcher, elle recule. Ce jour-là, sur le tard, je lui renouvelle le même ordre que la veille, et le lendemain, dernier samedi du mois de mai, après que mademoiselle Marie eût communié, une dame qui était venue la voir souvent, lui dit : « Mademoiselle Marie, mainte-

« nant que vous avez reçu celui qui vous donne des
« forces, levez-vous. Je suis venue vous voir assez
« souvent, à vous de m'accompagner quelques
« pas. » Mademoiselle Marie se lève, descend les
escaliers par où on l'avait montée, et accompagne
assez loin cette dame, qui se demande plusieurs
fois si ce qu'elle voit est un songe ou une réalité.
Le lendemain, jour de la Pentecôte, elle vient
avant la messe de paroisse, communie, puis déjeûne, assiste toujours à genoux à la grand'messe,
dîne, se promène, nous fait voir comment vendredi, voulant avancer, elle reculait, assiste aux
vêpres et au sermon, après lesquels M. le curé entretient l'auditoire nombreux de cette maladie si
extraordinaire qui avait eu tant de témoins, et
dont toute la ville parlait encore; il parle ensuite
de la guérison si subite dont on pouvait voir les
preuves, et que les incrédules même sont obligés
de regarder comme *extraordinaire, surnaturelle,
due à la foi*, etc. La *miraculée* ayant fini de sanctifier ce grand jour, s'en retourne à travers la foule
des spectateurs qui se pressent sur son passage.
Depuis lors, mademoiselle Marie dort bien, et
on la voit aller et venir, se promener tous les
jours dans Voiron, qu'elle quitte pour aller dans
sa famille, aujourd'hui 14 juillet.

« Je ne dois pas omettre que, quelques jours
avant la guérison, on a proposé à mademoiselle
Marie d'aller demander la cessation de ses maux
à un pèlerinage renommé en l'honneur de la

sainte Vierge, et qu'elle répondit n'en vouloir rien faire, assurant que, si elle devait guérir, ce serait par le Cœur Saint et Immaculé de Marie.

« Je certifie que tous les faits ci-dessus et passés à Voiron, sont conformes à la vérité; et que, quand on le désirera, tout le clergé de la ville, et un très-grand nombre de témoins oculaires, parmi mes paroissiens, les attesteront avec moi, soussigné.

« Le curé de Voiron, F. COLBERT, prêtre. »

« Voiron, le 14 juillet 1841.

Rapport du supérieur du petit séminaire à Sa Grandeur Monseigneur l'Évêque de Versailles.

Petit séminaire de Versailles,
le 24 avril 1845.

« Monseigneur,

« J'ai eu l'honneur, le lundi 14 avril présent mois, dans l'après-midi, d'exposer de vive voix à Votre Grandeur les faits étonnants qui venaient de se passer au petit séminaire, et de lui demander la permission d'en donner connaissance à M. l'abbé Desgenettes, curé de Notre-Dame-des-Victoires à Paris. Je viens aujourd'hui présenter, par écrit, le récit des mêmes faits, avec les circonstances remarquables qui s'y rattachent.

« Renaudt (Pierre), né à Paris le 3 juillet 1825, est entré au petit séminaire de Versailles au mois d'octobre 1838. Pendant l'été de 1843, il fut tourmenté de palpitations au cœur et alla passer quelque temps chez lui. Il voulut reprendre ses études à la fin des vacances de cette même année, mais bientôt il éprouva des crises violentes et des convulsions affreuses, durant lesquelles quatre hommes avaient peine à le contenir. Le médecin de notre établissement n'épargna rien pour le guérir : tout fut inutile. Les crises se renouvelaient d'une manière effrayante, et le docteur crut ne pas devoir me laisser ignorer la gravité du mal. Il m'avertit qu'il y avait danger continuel d'un épanchement au cerveau, et ne craignait pas de dire que, *pour opérer la guérison du malade, il faudrait lui faire un autre cœur, ce qui surpassait la puissance de la médecine*. En conséquence, au mois d'avril 1844, nous profitâmes d'une légère amélioration dans la situation du jeune homme pour le conduire à Montmorency, chez des parents qui l'ont élevé. Là, il se rétablit un peu, et, au mois d'octobre dernier, il vint demeurer à Versailles chez M. le curé de Saint-Symphorien, son protecteur. Ne voulant pas le reprendre dans notre établissement, nous consentîmes cependant à le laisser venir en classe toutes les fois que ses forces le lui permettraient. En lui accordant cette faveur nous n'étions pas sans crainte, car le docteur nous avait déclaré que, d'un moment à l'autre, les accidents terribles occasionnés par l'action désordonnée du cœur, pouvaient se reproduire. Nos appréhensions se réalisèrent. Le 24 février dernier, Renaudt, en arrivant pour la classe du matin, fut repris de son mal et conduit sur-le-champ à l'infirmerie. Malgré les soins les plus assidus, l'état du malade allait toujours en s'aggravant.

« Enfin, le 1er avril, les battements convulsifs du cœur, comparés par notre médecin à de *violents coups de piston*, déterminèrent un épanchement au cerveau, d'où résulta une paralysie des nerfs optiques. De là, cécité complète et insensibilité absolue de la pupille, à tel point que le docteur y portait le doigt sans que le malade ressentît la moindre impression. Je l'ai vu en cet état déplorable. Les paupières retirées laissaient à découvert le globe de l'œil et le montrait immobile comme celui d'une statue de marbre. Pendant trois jours et trois nuits le pauvre patient éprouva des douleurs qui lui arrachaient des gémissements à déchirer le cœur.

« Le médecin en chef de l'hospice civil de Versailles, docteur d'une grande réputation et d'une expérience consommée, vint en consultation le vendredi 4 avril. Il examina le malade, jugea que probablement il ne recouvrerait jamais la vue, dit qu'il avait au cœur une maladie qui ne pardonne pas, et ajouta que nous pouvions nous attendre à le perdre, un peu plus tôt, un peu plus tard.

« Désolés, nous tournâmes nos regards vers le ciel. Ce même jour, vendredi 4 avril, une neuvaine à la sainte Vierge fut entreprise par toute la communauté. Le samedi 5, une crise prolongée et l'extrême faiblesse du malade nous déterminèrent à lui donner l'Extrême-Onction un peu avant une heure après midi. Pendant ce temps les élèves réunis à la chapelle récitaient le *Miserere.* Quant au malade, il était sans connaissance, les yeux fixes et entièrement ouverts. Un sinapisme appliqué entre les épaules ne lui causait aucune sensation. Il semblait ne plus respirer, et nous nous hâtions, craignant qu'il ne rendît le dernier soupir avant la fin de la cérémonie. Sa mère était là, fondant en larmes. Environ un quart d'heure après avoir été administré, Renaudt revint à lui et témoigna qu'il ne souffrait plus. Lui qui, depuis si longtemps, était resté couché sans pouvoir prendre de nourriture, à la suite d'une entière prostration de forces, demanda à se lever dès ce jour-là même et put se promener dans l'infirmerie. Cette amélioration lui permit, le dimanche 6, d'assister aux vêpres, au sermon et au salut. Les jours suivants, il se leva dès cinq heures du matin, assista à la méditation et put entendre plusieurs messes. Il ne souffrait plus, mais il était toujours aveugle, quoique les paupières eussent repris leur mobilité. On le conduisit plusieurs fois en récréation, au milieu du jour, et, placé par ses condisciples en face du soleil, il n'éprouvait pas la plus légère impression de lumière. Il avait déjà cette délicatesse de l'ouïe qui est propre aux aveugles, et il reconnaissait à la marche ceux qui venaient à l'infirmerie.

« On appela, le vendredi 11 avril, un oculiste distingué de Paris, M. Desmares, lequel, après avoir reconnu comme nos médecins que l'épanchement vers les nerfs optiques déterminé par la maladie du cœur était la cause de la cécité, trouva le cas grave, et n'osa promettre autre chose, sinon qu'à l'aide d'un traitement énergique il essaierait de rendre à notre jeune aveugle un peu de lumière.

« La perspective de ce traitement n'était pas rassurante. Forte saignée, apposition de sangsues, vésicatoires, séton, etc. Or, huit jours auparavant, nos médecins avaient pensé que Renaudt, épuisé par dix-huit mois de crise et par un traitement analogue, ne pouvait guère être saigné de nouveau sans danger. J'avais encore entendu notre docteur se plaindre que son malade était devenu rebelle à toute médication.

« Nous n'avions plus qu'un seul espoir pour la guérison de la vue. La neuvaine devait finir le samedi 12 avril. Notre cher aveugle communia ce jour-là, à la messe de la communauté ; mais la vue ne lui revint pas. Dès lors nous comprîmes qu'il fallait nous résigner à le soumettre au traitement prescrit par l'oculiste, et ne pouvant le lui faire suivre dans notre établissement, nous prîmes promptement nos mesures pour le confier aux soins maternels des Sœurs de la charité de l'hospice de Versailles. Les démarches nécessaires furent faites le dimanche 13, et il fut décidé que le pauvre enfant nous quitterait le lundi 14 avril, de neuf à dix heures du matin. Dans ce jour fixé pour son départ il entendit une première messe à six heures. Après la messe, il parla à son confesseur : il lui exprima combien il lui était pénible de penser que plusieurs de ses jeunes condisciples pourraient être ébranlés dans leur foi en voyant que, malgré leurs ferventes prières, il était resté aveugle. Il le supplia de leur parler pour ranimer leur confiance ; et il demanda à être recommandé à l'Archiconfrérie. Ensuite il voulut assister à la messe de communauté qui se dit à sept heures, afin de communier une dernière fois dans la chapelle du petit séminaire. Il avait, en cela, double intention : d'abord de s'acquitter, par anticipation, de la communion qui lui était échue par son numéro, comme associé du Sacré-Cœur ; et, en second lieu, d'obtenir les forces dont il avait besoin pour supporter un traitement dont il ne se dissimulait ni la rigueur, ni la durée. Il fut donc amené à la messe de communauté, portant sur lui le ruban et la médaille de l'Association du Sacré-Cœur, et on le plaça à mon banc, dans le sanctuaire. Au moment de la communion l'infirmier, lui donnant le bras, le conduisit à l'autel. Je déposai sur sa langue le corps de Notre-Seigneur Jésus-Christ, je donnai la communion à plusieurs autres personnes, et j'achevai la sainte messe.

« De retour à la sacristie, je bénis un crucifix que notre aveugle avait déposé avant la messe, et qu'il devait emporter avec lui. Après cette bénédiction qui fut l'affaire d'un instant, l'infirmier s'approchant de moi balbutia quelques mots que je compris à peine. Il disait que Renaudt, après la communion, avait voulu retourner seul à sa place. (Cette circonstance ne m'avait pas échappé, mais je n'y avais fait attention que pour conclure rapidement combien vite les aveugles s'habituent aux localités.) L'élève chargé du soin de la sacristie vint se joindre à l'infirmier pour m'affirmer que le jeune homme, revenu à son banc, avait pris et ouvert un livre. Je croyais rêver. *Nous allons voir ce qu'il en est*, leur répondis-je; et je me hâtai de quitter les ornements dont j'étais revêtu.

« En ce moment la porte s'ouvrit et je vis, avec une surprise et une joie indicibles, le jeune Renaudt descendre les six marches qui joignent le sol de la sacristie à celui de la chapelle, puis venir se précipiter dans mes bras et se presser contre mon cœur. Partageant sa reconnaissance et son admiration, je mêlai mes larmes aux siennes et je lui dis : *Qu'avez-vous donc éprouvé, cher enfant, et que vous est-il arrivé? Quoi! la lumière vous est rendue!*

« Oui, me répondit-il; lorsque j'étais à genoux
« au pied de l'autel, en attendant la sainte com-
« munion, une voix me disait : Crois-tu? crois-

« tu? et je répondais : Oui, Seigneur, je crois
« que vous pouvez faire un miracle. Vous m'avez
« ôté la vue, vous pouvez bien me la rendre. Dès
« que la sainte hostie eut touché ma langue je
« me suis trouvé ébloui : je voyais tout et je ne
« voyais rien. Comme je restais là, immobile,
« l'infirmier me poussa légèrement pour m'aver-
« tir de me lever. Alors j'aperçus distinctement
« la marche de l'autel. En me retournant, je vis
« un banc vers lequel je me dirigeai en refu-
« sant le secours de mon guide. Il y avait là
« plusieurs livres : j'en pris un et je l'ouvris,
« pour éprouver jusqu'à quel point je voyais
« clair. C'était une Imitation de Notre-Seigneur
« Jésus-Christ. Les caractères étaient très-fins.
« Je passai plusieurs feuillets qui contenaient
« l'Ordinaire de la messe, et je tombai sur ces
« paroles, que je lus distinctement : *Qui sequitur*
« *me non ambulat in tenebris, dicit Dominus.* Alors
« je fermai le livre et je me mis à prier. »

« Telle fut la réponse de Renaudt. J'étais émer-
veillé de ce récit. Nous retournâmes ensemble à
la chapelle, et nous fîmes notre action de grâces
à côté l'un de l'autre.

« Cependant, parmi les deux cents élèves présents à la messe, beaucoup s'étaient aperçus de
l'événement. Ils avaient remarqué que le jeune
aveugle était retourné sans secours à sa place; ils
avaient vu qu'il ouvrait un livre. La nouvelle
passa bientôt de bouche en bouche, et ce fut un

enthousiasme universel, quand, à la récréation qui suit le déjeuner, on vit paraître dans les cours, au milieu des autres élèves qu'il discernait et appelait par leur nom, celui qui, vingt minutes auparavant, au vu et au su de nous tous, n'avait pu faire six pas pour se rendre à l'autel sans le secours d'un œil étranger. On l'entourait, on battait des mains, on se félicitait, on rendait gloire à Dieu.

« A la fin de la récréation, c'est-à-dire à huit heures, Renaudt se rendit chez les sœurs de la lingerie et de l'infirmerie. De mon côté, je m'occupai de dépêcher un exprès à M. le curé de Saint-Symphorien, pour lui faire part de l'heureuse nouvelle. Sur ces entrefaites, vers neuf heures du matin, la mère de notre élève, qui, depuis dix à douze jours, s'était établie à Versailles afin de suivre de plus près le cours de la maladie, se présenta chez notre portier la douleur dans l'âme, car elle venait pour procéder aux apprêts du départ. En apprenant tout à coup la guérison subite de son fils, elle pressa le pas pour s'en assurer par ses propres yeux; mais en le voyant elle faillit s'évanouir, tant l'émotion était forte.

« Vers dix heures du matin, à la fin de la classe, le docteur, qui n'était encore instruit de rien, arriva pour visiter ses malades avec l'intention de prendre notre aveugle dans son cabriolet et de le présenter lui-même aux personnes qui allaient le traiter. Il montait l'escalier de l'infirmerie, lorsqu'il vit venir à sa rencontre un élève qui descendait les marches deux à deux et qui le salua en lui serrant les mains. Quelle surprise ! c'était Renaudt ; mais il ne s'arrêta pas ; il était pressé de se rendre à la chapelle pour assister à la réunion du Sacré-Cœur. Après la petite prière de tous les jours, les associés, ravis de revoir au milieu d'eux celui qu'ils croyaient perdu pour toujours, entonnèrent le *Magnificat*. En les entendant, les élèves, en récréation dans la grande cour, vinrent aussitôt unir leurs voix à celles de leurs condisciples. Ceux qui se trouvaient à l'infirmerie firent de même, et le docteur resta avec un seul malade qui était alors couché.

« Tout ceci s'était fait spontanément. Moi-même, de ma chambre, ayant les oreilles frappées du chant qui partait de la chapelle, je descendis en toute hâte pour prendre part à l'expression de la reconnaissance générale, et, quand ce besoin du cœur fut satisfait, je vis dans la cour le jeune Renaudt. Je lui adressai quelques paroles, et bientôt il me quitta en courant pour aller retrouver le docteur. Celui-ci ne tarda pas à venir m'exprimer sa vive satisfaction. Il me raconta la rencontre inopinée de l'élève au milieu de l'escalier, et me peignit l'excès de sa surprise. Il me dit encore qu'il venait d'examiner le cœur de Renaudt, et que, malgré l'agitation et les fortes émotions de la matinée, il le trouvait en très-bon état.

« A midi, Renaudt vint au réfectoire. On l'avait placé à côté de moi, et il dîna de bon appétit. Après le repas, nous allâmes tous à la chapelle; je fis placer le cher enfant dans le sanctuaire, à l'endroit où, le matin, on l'avait vu prendre un livre, et nous chantâmes le *Regina cœli* en témoignage de reconnaissance.

« Ceci est arrivé le lundi 14 avril 1845. J'attesterais au besoin, sous la foi du serment, la vérité de tous les faits contenus dans le présent rapport. Ils ont eu lieu publiquement, dans une maison qui compte plus de deux cent trente habitants. Il sera très-facile de procéder à une enquête, si Monseigneur le juge convenable.

« Je ne dois pas omettre de déclarer que Renaudt avait mis toute sa confiance en Marie, mère de Dieu; que nous-mêmes nous avons eu recours à Marie pour obtenir sa guérison, et que, la veille du jour où notre neuvaine a commencé, on a écrit à M. l'abbé Desgenettes pour recommander le malade aux prières de l'Archiconfrérie.

« Depuis qu'il a été guéri d'une façon si étonnante, Renaudt se porte et voit comme s'il n'avait jamais été ni malade ni aveugle. Il n'y a pas eu de convalescence, et le retour à la lumière a été subit et parfait comme le retour à la santé.

« Je viens de remplir un devoir bien doux en exposant à Votre Grandeur les principales circonstances d'un événement propre à édifier les fidèles. Je m'arrête ici, en déposant à vos pieds l'hommage du profond respect avec lequel je suis, Monseigneur, de Votre Grandeur, le très-humble et très-obéissant serviteur,

Lambert, *supérieur du petit séminaire.* »

« Les faits sus-énoncés s'étant passés en ma présence et sous ma direction comme médecin, j'en atteste l'exactitude.

« A. Noble fils, *docteur-médecin du petit séminaire.* »

Le 21 avril 1845.

« Pour copie conforme : Lambert. »

9 mai 1845.

Mouvement religieux en Angleterre. — Une des plus grandes faveurs accordées aux prières de l'Archiconfrérie est, sans contredit, le mouvement religieux qui s'est opéré en Angleterre depuis quinze ans. Le retour de ce royaume à la foi catholique est une des œuvres que s'est proposée l'Archiconfrérie du saint Cœur de Marie. Aussi Dieu s'est plu à encourager les efforts des confrères, en ramenant dans le sentier de la vérité un nombre considérable d'hommes illustres par leur science et leur position sociale. Tous les jours les conversions deviennent de plus en plus nombreuses ; l'Église schismatique d'Angleterre ressemble à un cadavre qui tombe en dissolution. Encore quelques prières ferventes, et nous aurons le bonheur d'apprendre que l'île des saints, comme on la nommait autrefois, a enfin abandonné sa déplorable erreur pour rentrer dans le giron de l'Église romaine, dont elle faisait jadis la consolation et la gloire.

Nous n'avons pas l'intention de faire une longue dissertation sur l'établissement du schisme anglican et sur le prétendu symbole qui fait la base de sa doctrine. Les Annales de l'Archiconfrérie ainsi que le Manuel donnent sur ce sujet toutes les explications que l'on peut désirer. Disons seulement que cette terre d'Angleterre, dans laquelle l'Évangile avait produit de si beaux fruits et en si grand nombre, conserva la foi catholique jusqu'en 1533. A cette époque, le roi Henri VIII, connu par le débordement de ses mœurs et son insatiable rapacité, rompit avec l'Église romaine qui ne voulait pas sanctionner ses désordres. Depuis cette époque et presque jusqu'à nos jours, le catholicisme, désigné sous le nom de papisme, fut en butte aux persécutions de tous genres, en sorte qu'il semblait pour ainsi dire complétement éteint en Angleterre; mais la miséricorde de Dieu s'est étendue sur ce peuple rebelle. Un ministre anglican, descendant d'une famille distinguée, Georges Spencer, ouvre les yeux à la lumière; il mesure la profondeur de l'abîme dans lequel est tombé son malheureux pays, et brûle du désir de l'en tirer. Après avoir reçu l'onction sacerdotale, il vient en France faire appel à la charité des pieux fidèles en faveur de sa patrie.

Sa voix est entendue; l'Archiconfrérie répond à son appel. La tâche est grande sans doute, mais aussi les prières deviennent plus ferventes et plus multipliées, quand elles demandent au Cœur Immaculé de Marie le retour à la lumière de nos malheureux frères d'Angleterre. Et chose admirable, à dater de cette époque, un mouvement religieux fut remarqué par toute l'Angleterre; les regards s'y portent vers Rome. Les conversions surgissent de toutes parts, six mois seulement après le commencement des prières. Il y a cinquante ans, l'Angleterre ne comptait guère plus de 30,000 catholiques; aujourd'hui ce nombre dépasse 2,000,000 et va tous les jours en s'augmentant.

L'Archiconfrérie fut d'abord établie au delà du détroit, dans le couvent des Bénédictines de Princethospe. Bientôt la dévotion au cœur de Marie s'étendit d'une manière tout à fait providentielle. Un seigneur anglais, qui possédait deux paroisses protestantes dans ses terres, pria un religieux de la Trappe de les desservir, en lui disant que n'ayant pas de ministre anglican à sa disposition, il aimait mieux voir les habitants devenir catholiques que de les sentir privés de religion. Avec l'agrément de l'Ordinaire, le religieux accepta l'offre qui lui était faite. Il convertit ces deux paroisses et y établit l'Archiconfrérie. Les demandes d'aggrégation furent nombreuses en 1842, 1843 et 1844, et la dévotion au saint

Cœur de Marie pénétra dans les grands centres de population, à Londres, à Birmingham et à Manchester.

Les églises et les chapelles catholiques s'élevèrent de toutes parts; les protestants eux-mêmes concoururent par leurs offrandes à l'édification de ces basiliques. L'Université d'Oxford, à la tête de laquelle se trouvaient le docteur Pusey et le docteur Newmann, voulait réformer la vieille église anglicane. Leur doctrine, peut-être à leur insu, se rapprochait beaucoup de la doctrine catholique. C'était déjà faire un pas; le docteur Newmann, homme d'un vaste savoir et d'une haute intelligence, ayant entrevu la lumière, essaya bien quelque temps de la combattre et de la repousser; mais elle avait brillé à ses yeux d'un éclat trop vif. Il ne put s'y méprendre, et un jour la nouvelle de son abjuration et de son retour à l'Église catholique vint frapper d'étonnement tous les esprits. Son exemple fut suivi par le plus grand nombre de ses disciples, tous recommandables par leur savoir et leur position sociale. L'Église d'Angleterre avait reçu une profonde blessure, et la conversion de M. Newmann fut un événement qui eut de merveilleuses conséquences, car une foule de ministres anglicans renoncèrent à l'hérésie pour revenir au catholicisme. M. Newmann a embrassé l'état ecclésiastique et a rétabli à Londres l'Oratoire de l'Immaculée-Conception de Marie; il travaille activement à la conversion de ses frères.

Le mouvement religieux qui agite l'Angleterre a pris une telle extension, que le Souverain-Pontife Pie IX a pensé qu'il fallait donner à l'Angleterre une Église constituée. Après avoir supprimé les anciens siéges épiscopaux, il en a rétabli de nouveaux. L'Église catholique d'Angleterre est dirigée par huit Évêques, et par un nombre assez considérable de prêtres. Les conversions continuent toujours, et tout fait espérer que le jour de la délivrance spirituelle de ce pays est proche, et que ce noble fleuron enlevé à la couronne de l'Église romaine, lui sera bientôt restitué.

LIVRE V.

DESCRIPTION MONUMENTALE DE L'ÉGLISE NOTRE-DAME-DES-VICTOIRES.

L'église de Notre-Dame-des-Victoires n'a pas été construite sur de vastes dimensions, mais toutes les parties s'unissent entre elles et forment un bel ensemble. Plusieurs critiques n'admettront peut-être pas notre opinion, à cause du style qui a présidé à la construction de ce temple, et qui n'est point celui que fit éclore au moyen âge la pensée catholique. Nous souhaiterions de tout notre cœur que l'église dédiée à Notre-Dame-des-Victoires, fût semblable à ces édifices magnifiques, élevés par une pensée sublime, dans des siècles de foi. Mais Dieu ne choisit pas toujours les plus beaux monuments d'architecture pour y faire éclater sa miséricorde, et dans toutes ses œuvres, nous pouvons remarquer que toujours le souverain Maître de l'univers se sert des petites choses pour en opérer de grandes.

La première église des Augustins-Déchaussés,

celle dont Louis XIII posa lui-même[1] la première pierre, n'était pas un édifice d'une très-grande importance ; le monastère venait de s'établir, et les religieux ne pouvaient pas disposer de bien grandes ressources. Quoique nous n'ayons aucun renseignement exact sur la disposition de cette église, il faut croire qu'elle n'était pas très-vaste, puisqu'en 1656, elle était devenue trop petite pour contenir l'affluence des fidèles qui se rendaient aux offices.

Il fut arrêté qu'on bâtirait une église plus considérable ; Pierre Lemet, architecte remarquable de ce temps, fut chargé d'en dresser le plan. Après lui, Libéral Bruant et Gabriel Leduc, qui ajouta des tribunes au plan primitif, eurent successivement la direction des travaux[2]. La construction de l'édifice traîna en longueur ; elle fut souvent reprise et souvent abandonnée. En 1737, Cartaud, architecte du roi, reprit la direction des travaux, qui furent complétement terminés en 1740.

L'église de Notre-Dame-des-Victoires a été

---

[1] Les plans de cette église avaient été fournis par Galopin, ingénieur ; elle était placée au nord-ouest de celle qui existe aujourd'hui, sur l'emplacement de la nouvelle caserne actuellement en construction.

[2] Libéral Bruant, architecte célèbre du temps de Louis XIV, eut la conduite des travaux de la Salpêtrière. Il construisit l'hôtel des Invalides, dont il fit les plans. On ignore le lieu et la date de sa naissance ; il mourut vers 1697.

bâtie suivant les règles et les dimensions du style ionique. Le plan général forme une croix latine, dont la branche supérieure est allongée. Les bras de la croix, formant transseps, sont terminés carrément et mesurent une largeur égale à celle de la nef.

La grande nef n'est point accompagnée de latéraux, mais seulement d'une ceinture de chapelles qui, par leur disposition, tiennent lieu de bas-côtés. Les transseps continuent la série des chapelles, et le chœur, terminé par une abside à pans coupés, est fermé de toutes parts.

La longueur totale de l'édifice est de 44 mèt. 50 cent.; la largeur de la nef de 11 mèt. La hauteur des voûtes est de 15 mèt. Les chapelles ont 5 mèt. de profondeur.

Le portail, placé sur la place des Petits-Pères, est formé de deux ordres superposés. L'étage inférieur est percé de trois portes qui correspondent à la nef et aux chapelles latérales. Il est orné de pilastres ioniques. L'étage supérieur est décoré aux deux extrémités de deux pyramides tronquées. La partie correspondant à la grande nef est percée d'une grande fenêtre, encadrée par quatre pilastres corinthiens qui supportent un fronton triangulaire. La hauteur totale de ce portail est de 20 mèt. 70 cent., sur une largeur de 24 mèt. 50 cent. [1]

[1] Le fronton triangulaire est orné des armes de France surmontées d'une couronne et entourées de drapeaux. L'at-

La nef, formée de quatre travées, est supportée par huit piliers ornés de pilastres ioniques, au dessus desquels règne un entablement et une corniche qui s'étend autour de l'église. Les voûtes, en plein cintre et à lunettes, viennent se reposer sur cette corniche. Chaque travée est éclairée par une fenêtre demi-circulaire pratiquée entre chaque arceau de la voûte.

Les transseps et le chœur ont été exécutés d'après la même ordonnance. La croisée, ou travée centrale de jonction, du chœur, de la nef et du transseps, est couverte d'une petite coupole hémisphérique[1], ornée de têtes d'anges et de caissons. Nous ferons remarquer toutefois que la première travée du chœur a seule été voûtée en pierres. La voûte qui couvre le sanctuaire a été faite en bois et revêtue de plâtre, selon la coutume qui existait dans les églises des ordres religieux mendiants. Ce chœur et le sanctuaire sont formés de trois travées et demie, longueur peu proportionnée à celle de la nef, mais qui trouve

tique qui est placée au-dessus de la principale porte d'entrée renfermait autrefois l'inscription suivante :

D. O. M.
VIRG. DEI—PARÆ
SACRUM.
SUB TITULO DE VICTORIIS.

[1] Suivant le projet de Libéral Bruant, cette voûte hémisphérique devait être remplacée par un dôme, que des considérations particulières firent supprimer lors de l'entière perfection de l'édifice.

sa raison dans la nécessité, pour une congrégation religieuse, d'avoir un chœur assez spacieux, la nef n'étant qu'une espèce d'accessoire, ou les fidèles étaient seulement tolérés, puisque, lors de sa fondation, Notre-Dame-des-Victoires n'a point été bâtie pour servir d'église paroissiale [1].

Les chapelles, au nombre de six, ont été placées, comme nous l'avons dit, le long de la nef

---

[1] Nous pensons intéresser bien des personnes en donnant ici, à côté de la disposition actuelle de l'église Notre-Dame-des-Victoires, celle qui existait avant la révolution, lorsque les religieux étaient encore en possession de l'édifice.

Toutes les chapelles étaient fermées de hautes balustrades, de portes et de grilles en fer. La première chapelle à gauche en entrant, celle qui est aujourd'hui dédiée à saint Charles, était la chapelle sainte Geneviève ; la suivante était dédiée à saint Martin; la troisième à saint Jean-Baptiste ; vis-à-vis étaient les chapelles de saint Nicolas, de saint Eusèbe et de Notre-Dame-des-sept-Douleurs.

Dans le transseps, les deux chapelles étaient dédiées, celle de gauche à saint Augustin et celle de droite à Notre-Dame-de-Savone. Enfin, de chaque côté du chœur, se trouvaient encore deux chapelles qui servent aujourd'hui de sacristie, dont l'une se nommait la chapelle de M. de l'Hopital.

Le maître-autel était à la Romaine ; il se trouvait placé entre les deux premiers pilastres du chœur, lequel s'étendait derrière l'autel et était garni dans tout son pourtour d'une double rangée de stalles.

Enfin, la sacristie était placée au nord-ouest du chœur, on y pénétrait par deux vestibules, qui forment la sacristie actuelle plus basse que le sol de l'église, ce qui contribue à y entretenir une humidité nuisible aux objets que l'on y conserve.

et dans les transseps. Elles s'ouvrent dans chacune de ces travées. A droite, en entrant à l'église, la première chapelle est dédiée à saint Joseph. Elle renferme un tombeau en marbre noir de Jean Vassal, secrétaire du roi. La décoration de cette chapelle n'offre rien de bien remarquable, mais en revanche, elle est en grande vénération parmi les fidèles, qui viennent y prier le chaste époux de Marie. Tous les ans, pendant le mois de mars, que la piété a consacré à saint Joseph à cause de sa fête qui tombe le 19, les murailles de cette chapelle disparaissent sous de riches tentures. L'autel est orné de fleurs, de guirlandes et de tapisseries, et durant tout le mois, les fidèles s'empressent de venir se placer sous la protection de saint Joseph, qui, lui aussi, a donné, à Notre-Dame-des-Victoires, des preuves du crédit qu'il possède auprès de Notre-Seigneur Jésus-Christ.

La chapelle voisine, dédiée à Notre-Dame-des-Sept-Douleurs, dont le tableau orne l'autel, a conservé quelques-uns des motifs d'ornementation provenant de l'ancienne église couventuelle des Augustins-Déchaussés.

La dernière chapelle du côté droit, remplit la partie orientale du transseps. C'est la chapelle miraculeuse du très-saint et immaculé Cœur de Marie, où l'Archiconfrérie a pris naissance. Cet autel est le but d'un pèlerinage célèbre, où l'on accourt de toutes les parties du monde. La décoration de cette chapelle est simple, mais belle cependant. Sept lampes brûlent devant l'autel en l'honneur des sept douleurs qui ont enfoncé un glaive meurtrier dans le cœur si doux et si aimant de la plus pure des vierges. L'autel, élevé de trois dégrés au dessus du sol de l'église, forme un joli reliquaire au dedans duquel on aperçoit le corps de sainte Aurélie, vierge et martyre, au travers des glaces qui protégent le sacré dépôt contre la poussière et l'action destructive de l'atmosphère. Deux colonnes ioniques supportent un fronton au milieu duquel est placé le chiffre de Marie. Ce fronton, surmonté d'une croix, est décoré sur son arête extérieure d'une guirlande de lis; dans la frise inférieure, on lit ces paroles : *Cordi immaculato B. Mariæ Virginis.* Entre les colonnes s'ouvre une large niche dans laquelle est placée la statue miraculeuse de Notre-Dame-des-Victoires. La sainte Vierge tient entre ses bras l'Enfant divin ; il est debout sur un globe parsemé d'étoiles ; ses petits bras étendus semblent inviter les hommes à venir à lui. Les murs de la chapelle sont couverts de cœurs offerts à Marie par la piété des fidèles. Ces cœurs ont été disposés de manière à former ces mots de la Salutation Angélique : *Ave, Maria, gratia plena.* La frise de la corniche qui règne au pourtour de la chapelle est aussi décorée de cœurs qui forment l'inscription suivante : *Archisodalitas—Orbis universus. Archi-confrérie pour le monde entier.* Les murs latéraux sont aussi décorés de cœurs et d'*ex-voto*. On y remarque les attributs du Souverain-Pontife, la tiare, sur la triple croix, surmontée des clefs. De chaque côté de l'autel, on a suspendu trois lustres délicatement travaillés, provenant des offrandes des fidèles.

La première chapelle du côté gauche, autrefois dédiée à sainte Geneviève, est aujourd'hui placée sous le vocable de saint Charles Borromée. On voit dans cette chapelle le cénotaphe en marbre noir de Lully; il est surmonté du buste en bronze du célèbre musicien. On lit l'épitaphe suivante :

« Ici repose J.-B. Lully, écuyer, conseiller, secrétaire du roi, maison et couronne de France, de ses finances, surintendant de la musique de la chambre de Sa Majesté, célèbre par le haut degré de perfection où il a porté les beaux chants de la symphonie, qui lui ont fait mériter la bienveillance de Louis-le-Grand et les applaudissements de toute l'Europe. »

« Dieu qui l'avait doué de ces talents par-dessus tous les hommes de son siècle lui donna, pour récompense de ses cantiques inimitables, composés à sa louange, une patience vraiment chrétienne dans les douleurs aiguës de la maladie dont il est mort, le 22 mars 1687, dans la cinquante-quatrième année de son âge, après avoir reçu tous les sacrements, avec une résignation et une piété édifiante. »

Ce tombeau renferme également les cendres

de Michel Lambert, beau-père de Lully, **mort** en 1690.

La chapelle voisine est dédiée à la sainte enfance de Jésus. Elle renferme un autel en marbre blanc, qui fut donné par Mgr Forbin de Janson, évêque de Nanci, fondateur de l'œuvre si recommandable de la Sainte-Enfance, instituée pour le rachat des jeunes Chinois, que leurs parents dénaturés destinent à devenir la pâture des animaux immondes.

Enfin, la dernière chapelle, placée dans le bras gauche de la croix, est dédiée à saint Augustin, le patron secondaire de l'église Notre-Dame-des-Victoires. Cette chapelle qui fait vis-à-vis à celle du saint Cœur de Marie, présente à peu près la même ornementation. C'est un autel surmonté de deux colonnes ioniques, qui supportent un fronton triangulaire. Dans la grande niche du fond, se trouve la statue du grand évêque d'Hippone. Il est représenté, comme toujours, le cœur à la main, pour indiquer sa sagesse et son amour pour Dieu.

Le chœur séparé de la nef, par une balustrade en bronze doré, à hauteur d'appui, est garni d'une double rangée de stalles; le sanctuaire, auquel on arrive en montant trois degrés, est orné d'une boiserie d'un travail assez remarquable [1].

[1] Cette boiserie, ainsi que la menuiserie qui encadrait les tableaux de Carle Vanloo, est l'ouvrage d'un certain Bardou, fameux menuisier du siècle dernier.

Nous n'avons rien à dire du grand autel, qui est un peu mesquin; il faut remarquer cependant le tabernacle, en cuivre ciselé, qui passe pour un des plus beaux dans ce genre.

Le mobilier de l'ancienne église conventuelle des Augustins-Déchaussés a été en partie conservé; la chaire et les orgues, n'ayant pas été déplacées, n'ont éprouvé aucun dommage. Les orgues contiennent trente-deux jeux et quatre claviers; elles ont été exécutées par Selop, facteur renommé de l'époque; le buffet qui les renferme est l'œuvre du sculpteur Regnier, ainsi que la chaire à prêcher; celle-ci fait admirer la beauté des ornements qui la décorent.

L'église possédait autrefois, parmi les objets précieux de son trésor, le groupe d'argent doré dont nous avons parlé, témoignage de reconnaissance de la reine Anne d'Autriche; un riche parement d'autel de brocard d'or et d'argent, accompagné de deux crédences, donné par Marie-Anne-Christine-Victoire de Bavière, épouse du Dauphin, fils de Louis XV. Enfin, une chasuble de taffetas violet, qui avait servi au saint prêtre, le Père Bernard, et qui fut achetée par madame de Lamoignon, pour en faire présent au Frère Fiacre.

L'église Notre-Dame-des-Victoires n'est pas riche en objets d'art, ni en sculptures remarquables. Les quatre statues qui sont placées aux angles de la nef, sont d'une médiocre exécution; mais, on voit dans le sanctuaire une collection de magnifiques tableaux dus au pinceau d'un célèbre artiste flamand, Carle Vanloo [1]. Ces toiles, au nombre de sept, représentent les phases les plus remarquables de la vie de saint Augustin. On croit que ces tableaux ont été exécutés, d'après les ordres de Louis XV, en actions de grâces des faveurs spéciales que lui et ses ancêtres avaient obtenues par l'intercession de Notre-Dame-des-Victoires.

On ne peut s'empêcher d'admirer la majesté des poses, le naturel des figures, la beauté du coloris, en un mot, la vie qui règne dans ces tableaux. Ils portent le millésime de 1753, 1754, 1755. Le premier, à droite en regardant l'autel, représente le baptême de saint Augustin. Saint Ambroise, après avoir converti le jeune africain, dont il prévoyait la sagesse future, lui confère le baptême. Saint Augustin, à genoux, un cierge à la main, est revêtu de la robe blanche des

---

[1] Carle Vanloo naquit à Nice en 1705. Il entra d'abord dans l'atelier de Benedetto Lulli, dont il devint un des élèves les plus distingués; il vint en France et travailla à la restauration des peintures du Primatice au palais de Fontainebleau; il remporta, à Rome, le prix de dessin de l'académie de Saint-Luc; le roi de Sardaigne le chargea de plusieurs travaux. Carle Vanloo arriva à Paris en 1729, et fut admis à l'Académie en 1735. Il y fut bientôt professeur, peintre du roi et directeur de l'école de peinture. Les tableaux de l'église des Augustins-Déchaussés passent pour ses chefs-d'œuvre. Il mourut en 1765.

catéchumènes. Derrière lui se tient son ami Alipe qui se prépare aussi à recevoir le sacrement de la régénération; enfin, dans le fond du tableau, on aperçoit sainte Monique, heureuse mère d'Augustin, qui recueille dans la joie le prix de ses larmes et de ses prières.

Le tableau suivant nous montre le sacre de saint Augustin. Valère, évêque d'Hippone, devenu vieux et ne pouvant plus porter seul le fardeau de l'épiscopat, s'associe Augustin son prêtre bien-aimé, et, après avoir obtenu sa nomination, il le sacre lui-même en 395.

Le troisième tableau représente la mort de saint Augustin. Le saint docteur, étendu sur sa couche de douleur, rend la santé à un malade qui était venu se recommander à ses prières.

Le premier tableau du côté gauche montre Augustin encore prêtre, prêchant devant Valère, son évêque, dans la cathédrale d'Hippone.

La conférence de Carthage entre les donatistes fait le sujet du tableau suivant. En 411, deux cent quatre-vingt-six évêques orthodoxes et deux cent soixante-dix évêques donatistes discutèrent plusieurs points de la doctrine catholique, sur lesquels ils n'étaient pas d'accord. Saint Augustin se distingua par sa science, sa sagesse et sa haute prudence dans ce concile qui se tint en présence du tribun, le comte Marcellin.

Le sixième tableau représente la translation des reliques de saint Augustin à Pavie. Après la mort du saint docteur, les évêques d'Afrique, exilés par Trasimond, roi des Vandales, transportèrent le corps de saint Augustin en Sardaigne. En 712, Luitprand, roi des Lombards, obtint des Sarrazins, à prix d'argent, les reliques de l'évêque d'Hippone, et les fit transporter dans un tombeau de marbre blanc qu'il plaça dans la cathédrale de Pise, sa capitale.

Le septième tableau placé derrière l'autel au fond du sanctuaire, représente le vœu de Louis XIII. Le roi, agenouillé, offre à Marie le dessin de l'église de Notre-Dame-des-Victoires ; à côté de lui est le cardinal Richelieu, de l'autre côté un guerrier tient sur un plateau les clefs de La Rochelle, dont on voit les remparts dans le fond du tableau ; l'hérésie vaincue est figurée par un soldat renversé. La sainte Vierge, portant son divin Enfant, apparaît au roi de France et lui présente la palme de la victoire. On raconte au sujet de ce tableau l'anecdote suivante, qui pourra intéresser quelques-uns de nos lecteurs. Lorsque l'église de Notre-Dame-des-Victoires fut rouverte au culte, en 1810, ce tableau avait disparu ; les autres, placés dans les musées nationaux, avaient été réintégrés dans leurs anciennes places, mais on ignorait où avait été transporté celui du fond. Le Père Rivière, alors curé de Notre-Dame-des-Victoires, se mit à la recherche ; il découvrit le tableau dans la cathédrale de Versailles, qui l'avait reçu en don du gouvernement.

e Père Rivière offrit à la fabrique et à l'évêque de donner le prix qu'on exigerait du tableau; mais il éprouva un refus de Mgr Charrier de La Rochelle, évêque de Versailles, et du conseil de fabrique. Ayant eu occasion d'approcher Napoléon, le curé de Notre-Dame-des-Victoires lui parla de son tableau et lui fit part de la peine qu'il éprouvait à le voir hors de son église. « Tranquillisez-vous, monsieur le curé, répondit l'empereur, vous aurez votre tableau sans être obligé de le payer. » Le soir du même jour des ouvriers tapissiers se présentent à la cathédrale de Versailles dont ils font ouvrir les portes au nom de l'empereur. Ils détachent le tableau en question, et à la place en mettent un autre de même dimension, dont le sujet était la résurrection du fils de la veuve de Naïm. Le lendemain matin, la première chose qui frappa les regards du Père Rivière fut son tableau, qu'il trouva dans la sacristie.

Les autres tableaux qui ornent les murs de l'église de Notre-Dame-des-Victoires ne méritent aucune mention spéciale. Deux d'entre eux ont été peints par Gaillot et donnés, en 1811, par M. de Chabrol, préfet de la Seine. Ils complètent l'histoire de saint Augustin : le sujet de l'un est la conversion du grand docteur; l'autre représente le songe de sainte Monique, pendant lequel elle voit d'avance l'élévation de son fils à l'épiscopat.

Extérieurement, l'église de Notre-Dame-des-Victoires ne présente que des façades entièrement nues. D'un côté, elle est enclavée dans la nouvelle Mairie du troisième arrondissement, et de l'autre, elle se trouve placée sur l'alignement de la rue Notre-Dame-des-Victoires. Un campanile octogone, placé sur la toiture du chœur, renferme quatre cloches de moyenne dimension.

La paroisse de Notre-Dame-des-Victoires, formée d'abord sous le nom de Saint-Augustin des Petits-Pères, eut pour premier curé, M. Rivière, ancien religieux Augustin; il administra ensuite conjointement avec M. Gravet, ancien curé des Filles-Saint-Thomas. Lorsque les deux églises furent réunies, M. Gravet demeura ensuite seul titulaire de Notre-Dame-des-Victoires de 1810 à 1811. M. Decroix lui succéda, et demeura jusqu'en 1814. Cette même année, M. Fernbach, curé de Saint-Philippe-du-Roule, ancien religieux Dominicain, fut transféré à Notre-Dame-des-Victoires, qu'il desservit jusqu'en 1832.

En 1832, M. Dufriche-Desgenettes, ancien curé des Missions, fut nommé à Notre-Dame-des-Victoires. C'est encore lui qui est le pasteur de cette paroisse. *Adhuc ad multos annos!*

LIVRE VI.

UNE SOIRÉE A NOTRE-DAME-DES-VICTOIRES.

Il est à Paris un sanctuaire privilégié, humble temple qui ne se recommande aux regards des hommes, ni par la magnificence de son architecture, ni la somptuosité de son ornementation, ni par la grandeur de ses dimensions. C'est une ancienne église de religieux Mendiants, qui, devenue paroisse, attire les pieux fidèles de toutes les parties du monde; car c'est le lieu où Dieu a placé le trône de sa miséricorde et la source des grâces qui coulent de toutes parts avec tant d'abondance. Nous avons nommé Notre-Dame-des-Victoires. Oh! que ce nom est doux à mon cœur, comme il le fait palpiter sous l'émotion d'une joie ineffable; à ce nom, le pécheur se réveille, car il sait que dans cette église privilégiée, il y a encore pour lui un espoir de salut; le juste tressaille d'allégresse, car il sait, lui aussi, que dans ce temple béni, se trouve le cœur d'une Mère compatissante, qui lui promet la persévérance et le bonheur éternel, si par ses prières, il aide à faire revenir dans le droit chemin ceux qui sont égarés. Qui ne connaît Notre-Dame-des-Victoires? qui ne connaît l'Archiconfrérie? qui a jamais invoqué le cœur de Marie sans avoir été exaucé?

Le soleil a caché derrière l'horizon son disque lumineux; le crépuscule étend sur la terre son funèbre linceul, les rues de la cité parisienne s'illuminent, et dans l'église de Notre-Dame-des-Victoires, une lumière factice remplace la clarté du jour. Le temple brille bientôt de mille feux, l'autel de Marie est couvert d'un océan de lumières, qui forment autour de la statue vénérée une couronne magnifique. « *Et in capite ejus corona stellarum duodecim.* » Il est à peine six heures et demie du soir et déjà l'église est envahie de toutes parts. Les fidèles se pressent en rangs serrés, et pas une petite place n'est laissée vacante. Les endroits les plus retirés sont occupés; le chœur, le sanctuaire même, ordinairement réservé au clergé seul et aux pompes du culte catholique, ont perdu un instant leur sainte destination. Des flots de fidèles s'y réunissent et bientôt le temple est devenu trop étroit; les portes s'ouvrent toutes grandes, la foule pieuse, trop croissante, encombre jusqu'aux parvis sacrés. Pourquoi cet immense concours de peuple? quelle cérémonie extraordinaire va donc avoir lieu? aucune solennité religieuse n'est cependant inscrite pour ce jour au calendrier liturgique. Tous ces fervents chrétiens viennent assister à l'office de l'Archiconfrérie du très-saint et immaculé Cœur de Marie, et prier la bonne Mère, ce refuge assuré des pécheurs, pour le retour, dans le sentier de la vie, de ceux de leurs frères qui marchent égarés, à l'ombre de la mort et du péché. Cet office n'est point une cérémonie extraordinaire ; il se renouvelle tous les dimanches à sept heures du soir, et chaque fois, même foule, même empressement, même bonheur.

L'heure a sonné, les chants se font entendre ; c'est d'abord un cantique préparatoire, où l'on exalte les grandeurs de Marie. Puis voici venir le vénérable directeur de l'Archiconfrérie, accompagné de ses zélés collaborateurs. Ils se placent devant l'autel de Marie; mais c'est ici une réunion de famille, tous sont frères, point de distinction : les prêtres qui président à l'office s'assoient au milieu des fidèles sur les mêmes siéges. Le directeur entonne les vêpres de la sainte Vierge. Aussitôt toute cette masse de fidèles, comme un seul homme, continue le chant des magnifiques psaumes du saint prophète David. L'*Ave, maris Stella* retentit ensuite sous les voûtes sacrées du temple; le chant en a été composé spécialement pour l'Archiconfrérie. Il est empreint d'une suavité délicieuse. Oh ! avec quelle ardeur et quelle confiance on entend prononcer par les enfants de Marie ces belles paroles : Montrez que vous êtes notre mère. *Monstra te esse*

Matrem. Puis voici le *Te Deum* de Marie, le sublime *Magnificat;* c'est bien à Notre-Dame-des-Victoires que ce beau cantique reçoit son application. *Fecit mihi magna qui potens est..... Esurientes implevit bonis et divites dimisit inanes..... Fecit potentiam in brachio suo.....*

Quelle impression saisit le cœur du fidèle qui assiste pour la première fois à cette réunion sainte; la joie se peint sur tous les visages, car le bonheur est au fond des cœurs; tous les fidèles ici rassemblés sont les enfants de Marie qui viennent féliciter leur mère des prérogatives magnifiques dont Dieu l'a enrichie, lui exposer leurs besoins et la prier pour leurs frères égarés. Combien sont entrés pécheurs dans cette réunion et n'ont pu résister au charme qui saisit les cœurs, et sont sortis justifiés! Oh! combien venus en indifférents, en simples curieux, peut-être en observateurs critiques, et qui, changés soudain, humbles chrétiens, n'ont quitté le temple qu'après en avoir arrosé le pavé de leurs larmes d'attendrissement et de repentir.

Les chants ont cessé; le plus profond silence règne parmi cette nombreuse assemblée, un ministre du Seigneur monte dans la chaire de vérité; c'est tantôt un illustre prélat qui vient entretenir les fidèles des faveurs dues à la bonté du cœur de Marie; tantôt un missionnaire arrivé des contrées lointaines, où les peuples dorment encore à l'ombre des ténèbres du paganisme; ou bien c'est quelque membre d'une de ces saintes et austères Congrégations religieuses, auxquelles la France désabusée a bien voulu enfin rouvrir ses portes. Voyez cette foule attentive, avec quelle émotion elle écoute les vicissitudes si multipliées du zélé missionnaire, qui se plaît à raconter les épreuves auxquelles la divine Providence a bien voulu le soumettre, et qu'il a endurées patiemment pour convertir les âmes. La parole de Dieu descend du haut de la chaire, et tombe sur une terre bien préparée; c'est le bon grain de l'Évangile qui produit au centuple. L'orateur raconte-t-il quelques nouveaux prodiges de grâces dues à l'intercession du cœur de Marie? alors les yeux se mouillent de larmes, les cœurs sont attendris, et les fidèles, encouragés par ces marques si réitérées de la protection de la bonne Mère, promettent intérieurement de redoubler de ferveur et de faire encore une douce violence au ciel, pour arracher à la fureur de Satan le plus possible de ces âmes que Jésus-Christ daigna racheter de son sang. Quelquefois encore, c'est un apôtre qui vient faire appel à la charitable piété des confrères; il va partir pour une mission lointaine, il vient recommander ses futurs enfants. Qu'il parte tranquille, les prières de l'Archiconfrérie l'accompagneront dans sa route et l'aideront à étendre le royaume de Jésus-Christ.

Lorsque l'orateur chrétien a terminé son discours, nous voyons monter après lui, dans la chaire, un vénérable vieillard ; c'est le directeur de l'Archiconfrérie, c'est l'avocat des pécheurs ; il vient les recommander à ses chers associés. Il a passé une partie de sa vie à courir après les brebis égarées, à prier pour les pécheurs. Écoutez la longue énumération des besoins spirituels et temporels, pour le soulagement desquels il fait appel aux prières de l'Archiconfrérie : ce sont des jeunes gens dont les mères inquiètes implorent la conversion ou la persévérance, ce sont des époux que des femmes chéries voudraient convertir, ce sont des affligés, des malades, pour lesquels on sollicite la consolation, et la guérison de l'âme et du corps ; viennent ensuite les actions de grâces demandées par ceux qui ont été exaucés, car les enfants de Marie ne sont pas ingrats ; si les associés s'unissent ensemble pour gémir sur les maux de leurs frères et contribuer à les soulager, c'est une grande joie dans la famille lorsque quelque membre a obtenu de la bonté immense de Marie l'objet de ses prières et de ses vœux. Voyez ce bon pasteur, il a reçu de Dieu un don bien précieux, l'éloquence du cœur ; il prie, il presse, il pleure ; avec quel attendrissement il recommande les pauvres pécheurs, avec quelle joie il raconte les prodiges de la miséricorde divine. Voyez couler ses larmes, ce sont des larmes de joie. Oh ! qui pourrait résister à un tel spectacle ? où est le cœur assez dur qui ne serait pas touché? Les recommandations sont finies, on y ajoute quelques prières pour les besoins généraux et particuliers de l'Église, puis les chants recommencent : c'est encore un cantique à Marie, la paraphrase de l'*Ave Maria*.

Toute cette foule, comme un seul homme, tombe à genoux. Jésus-Christ vient de sortir de son tabernacle; il donne audience. Après le délicieux *Tantum ergo,* on entonne l'hymne magnifique des titres glorieux de Marie. Toutes les voix s'unissent et forment un admirable ensemble pour chanter les Litanies de Notre-Dame-de-Lorette; mais tout à coup les chants paraissent redoubler d'intensité, les fronts se courbent profondément vers le pavé du temple, et l'invocation *Refuge des pécheurs* retentit trois fois. Avec quelle ferveur tous ces pieux fidèles poussent vers Marie ce cri de détresse! La bonne Mère pourrait-elle alors ne pas exaucer cette prière, et ne pas réaliser ce doux nom de Refuge des pécheurs : oui elle est le refuge des pécheurs, et dans cette nombreuse assemblée, il s'en trouve peut-être un, deux, ou trois, et même plus, de ces chrétiens égarés, qui subissent à l'instant la douce influence de cette invocation; qui sentent couler de leurs yeux les larmes du repentir, et qui vont, par une bonne confession et une vie plus chrétienne, justifier ce titre consolant de refuge des pécheurs donné à Marie.

Les chants se terminent par le *Parce, Domine,*

suave gémissement poussé par les associés du cœur de Marie, pour apaiser la colère de Dieu et le rendre favorable à ceux de leurs frères qui sont malheureux. Puis le divin Sauveur bénit la pieuse assemblée. Avant de se retirer, l'Archiconfrérie récite le psaume du roi pénitent, le *Miserere*, pour demander à Dieu pardon des péchés publics de la France. L'*Adoremus* vient clore toute la cérémonie, et pendant la sortie des fidèles, on chante de nouveau les louanges de Marie dans un sublime cantique.

Il est neuf heures et demie; les heures se sont écoulées comme des minutes; il y a près de trois heures que toute cette nombreuse assemblée est réunie dans l'église; il semble qu'on vient d'entrer seulement, et l'on se retire le cœur rempli de bonnes pensées, de saints désirs; on est joyeux, on est satisfait, et chacun sent en lui-même qu'il est vrai que jamais l'on invoque Marie en vain.

Voilà le beau spectacle que l'on a sous les yeux à Notre-Dame-des-Victoires, non pas à quelque jour de grande solennité, mais tous les dimanches et chaque fois qu'une fête de l'Archiconfrérie réunit la famille autour de l'autel de la Mère, et encore, hélas! combien ce tableau semble pâle et, pour nous, au-dessous de la réalité! Il est des choses dont il est difficile de se faire une idée sans les avoir vues; et celle-ci certes est bien du nombre. Et cependant qui peut attirer une si grande foule? est-ce la pompe des cérémonies, le luxe, la richesse des ornements? mais quoi de plus simple que cet office ! on n'y voit rien qui puisse flatter les yeux ; là, point de musique magnifique pour charmer les oreilles. L'office est toujours le même ; rien, en un mot, d'extérieur qui vous attire à cette cérémonie, et malgré cela, souvent une demi-heure avant l'ouverture, les portes sont encombrées, et l'église est si pleine qu'on ne peut bientôt y pénétrer. Seul, l'attrait, la douce impulsion de leur piété amène cette foule innombrable d'hommes, de femmes, de jeunes gens, réunis dans une église à l'heure des plaisirs, des dissipations, si faciles et si séduisantes à Paris ; et, souvent, la plupart sont dans une position gênée, car les siéges manquent pour la nombreuse assemblée.

Mais il est surtout une époque de l'année où l'église de Notre-Dame-des-Victoires, autrefois solitaire et inconnue, devient réellement insuffisante pour contenir la multitude de ceux qui viennent offrir à Marie l'hommage de leur reconnaissance et de leur amour. La nature a quitté son blanc linceul, les arbres ont repris leur aimable verdure ; le soleil du printemps fait éclore les fleurs ; à Marie appartient les prémices de la plus belle saison. La chapelle de l'Archiconfrérie est ornée avec somptuosité, l'autel du Cœur de Marie se couvre de lumières et de fleurs offertes avec profusion par les fidèles. Le mois de Marie est une dévotion bien douce au cœur ;

9.

il ne faut pas s'étonner qu'à une époque où tous les regards se tournent vers la Mère de Dieu, cette solennité récente ait été reçue avec tant d'empressement. C'est pendant le mois de mai, qu'il faut surtout visiter Notre-Dame-des-Victoires. A toutes les heures du jour, on voit au pied de l'autel de Marie un concours empressé de chrétiens qui viennent non-seulement de tous les quartiers de la capitale, mais de toutes les parties de la France et du monde entier.

Assistons encore à un spectacle, non moins sublime, non moins attendrissant, celui d'une des fêtes de Marie. Dès l'aurore, à peine les portes de la basilique sont ouvertes, qu'une foule compacte se précipite dans le temple; ces pieux fidèles s'agenouillent et se recueillent dans l'attitude de la plus fervente prière; ils attendent! Le prêtre paraît, il monte à l'autel et célèbre les augustes mystères; la sainte Victime descend sur la table du sacrifice; les fronts s'abaissent; mais bientôt cette foule se relève et s'ébranle. Où va-t-elle? Jésus-Christ a préparé un grand festin auquel il a convié tous les hommes, et chacun s'empresse de prendre place à la table eucharistique. La divine nourriture est distribuée avec abondance. Voyez successivement passer tous ces chrétiens : voilà des femmes, des filles, des mères, des épouses; voici des jeunes gens, voici un vieux militaire, le signe de l'honneur brille sur sa poitrine, et son cœur est devenu le sanctuaire où repose le très-aimable Jésus; puis, voilà encore des hommes de tout âge, appartenant à toutes les positions sociales, ils se relèvent heureux; ils ont communié à l'autel du Cœur de Marie. Oh! combien de fidèles sont accourus de très-loin pour jouir de ce bonheur.

Voilà ce qui se renouvelle à toutes les fêtes de la sainte Vierge et aux grandes solennités de l'année. Souvent, comme le disait Racine dans son poétique langage, les prêtres ne peuvent suffire aux sacrifices, et deux ou trois ministres du Seigneur, occupés à la fois à distribuer l'aliment divin, ont peine à satisfaire l'ardente piété des fidèles. Et le nombre des communions suit chaque année une progression aussi remarquable que consolante. En 1836, on compte 4,600 communions pendant l'année; en 1846, ce nombre est porté à 77,300; en 1848, à 107,900; et en 1852, il y a eu 130,800 communions.

Que le Seigneur soit à jamais béni,
Que le cœur de Marie soit connu, honoré et exalté
par toutes les nations.
O Notre-Dame des Victoires! priez pour nous!

APPENDICE.

NOTES ET PIÈCES JUSTIFICATIVES.

NOTES
ET
PIÈCES JUSTIFICATIVES.

LETTRES-PATENTES DU ROI LOUIS XIII

Pour la fondation du Monastère de Notre-Dame-des-Victoires, en faveur des Augustins-Déchaussés.

Louis, par la grâce de Dieu, roy de France et de Navarre, à tous présents et avenir, salut. Les roys nos prédécesseurs ont tellement chéri la piété, et avec des soins si particuliers recherché l'augmentation de l'Église catholique, apostolique et romaine, que les fréquents témoignages qu'ils ont rendus de leur insigne dévotion leur ont acquis le titre et l'éminente qualité de fils aînés d'icelle : qualité qui nous est une telle recommandation, que nous nous proposons de faire toujours des actions qui en soient dignes, moyennant la grâce et assistance divine, que nous implorons et implorerons toute nostre vie, pour n'en point faire qui semblent y contrarier ; et, à cet effet, reconnaissant les grandes et manifestes utilitez que nos sujets reçoivent de jour en jour de la congrégation des religieux Augustins-Réformez-Déchaussez, par tous les lieux de nostre royaume où ils sont établis, tant par leurs bons exemples, sainteté et austérité de la vie, que par les confessions, prédications, exhortations et autres pieux et dévots exercices dont nosdits sujets tirent des assistances spirituelles extraordinaires au salut de leurs âmes; et mettant à ce sujet en considération les louables et grands services que ladite congrégation rend au public, désirant leur témoigner la satisfaction que nous en recevons, comme aussi ayant égard à la recommandation et exhortation que nostre très-Saint-Père, le Pape Urbain VIII, nous a faites en leur faveur, par sa bulle du 28 juillet 1628, pour marque à jamais de la piété et dévotion que nous avons à la glorieuse Vierge Marie, et pour témoignage de la singulière affection que nous portons audit Ordre des religieux Augustins-Réformez-Déchaussez, nous avons voulu estre fondateur de leur église et couvent de nostre bonne ville de Paris, laquelle nous avons dédiée à Notre-Dame-des-Victoires, en action de grâces de tant de glorieuses victoires que le ciel nous a favorablement départies par l'entremise de la Sainte Vierge, et assister en personne en l'action de ladite fondation et à toutes les cérémonies et solennités qui y ont esté faites par notre amé et féal conseiller, en nostre conseil d'Estat, le sieur Archevesque de Paris, le 9 du présent mois. A ces causes et autres, à ce nous mouvans, scavoir faisons que, pour la particulière dévotion que nous avons audit ordre et l'augmentation des religieux d'icelui, pour l'exacte et soigneuse observation qu'ils font de leur règle, et pour le désir aussi que nous avons de participer à toutes leurs prières, jeûnes et oraisons, auxquels ils vacquent incessamment, et les convier particulièrement de prier Dieu pour nostre personne et celles des reines nostre très-honorée dame et mère, et nostre très-chère et très-amée espouse et compagne, et pour la prospérité de nostre Estat, nous avons agréé et agréons leur supplication, et ensuite d'icelle leur avons octroyé et accordé, octroyons et accordons ces nostres lettres-patentes signées de nostre main, par lesquelles nous nous déclarons fondateur de ladite église, couvent et congrégation, sous le titre de Notre-Dame-des-Victoires, afin qu'ils y vacquent à leurs saints exercices, messes, offices, prédications, confessions et autres fonctions religieuses, comme ils font en nos autres villes, suivant et conformément aux statuts, règles et instituts de leur ordre, sans qu'ils y puissent être troublez ni inquiétez; dont faisons très-expresses inhibitions et deffenses à toutes personnes, de quelque qualité et condition quelles soient, sous peine aux contrevenants de punition exemplaire : prenant et mettant à cet effet ladite église, maison, couvent et congrégation en nostre protection et sauvegarde spéciale. Et d'autant qu'aux fondations royales nous avons accoustumé de donner et élargir de grands privilèges; pour marque singulière de nostre affection et dévotion audit ordre, nous voulons que ladite église, congrégation et couvent de Paris jouissent des mêmes droits, privilèges, exemptions, franchises et immunités que les autres fondations royales : leur accordant et octroyant à cet effet tous les dons, grâces et faveurs que nous avons octroyés aux églises et maisons de la qualité susdite. Si donnons en mandement à nos amez et féaux conseillers les gens tenant nostre cour de parlement, chambre des comptes, cour des aydes et nos procureurs généraux en icelles et à tous nos autres justiciers, officiers et sujets qu'il appartiendra, que de cesdites lettres et de tout le contenu en icelles, ils fassent, souffrent et laissent jouir pleinement et paisiblement ladite congrégation des religieux Augustins-Réformez-Déchaussez perpétuellement et à toujours, cessant et faisant cesser tous les troubles et empeschements à ce contrair, nonobstant nos édits que nous avons faits pour l'establissement et réception des religieux aux villes que nous voulons estre dorénavant pleinement et exactement observez, lesquels nous n'entendons toutesfois porter aucun préjudice à ladite congrégation, attendu qu'ils sont postérieurs à la fondation que nous avons faite de ladite église, maison et couvent de Notre-Dame-des-Victoires, et généralement nonobstant toutes ordonnances, règlemens et choses à ce contraires, auxquelles nous avons pour ce regard dérogé et dérogeons par cesdites présentes. Car tel est nostre plaisir. Et afin que ce soit chose ferme et stable à toujours, nous y avons fait mettre nostre scel. Donné à Paris, au mois de décembre, l'an de grâce MDCXXIX, et de nostre règne le XVe. Signé : LOUIS. *Et sur le replis*, par le roy, DE LOMÉNIE. Scellé du grand sceau de cire verte sur lacs de soye rouge et verte.

— ❦ —

LETTRES-PATENTES

POUR LES PETITS-PÈRES DE LA PLACE DES VICTOIRES.

An 1633.

Du samedy XXV juin. Veu par la Cour les lettres-patentes du roy données à Paris, au mois de décembre 1629, par lesquelles ledict seigneur roy, se déclarant fondateur de l'église, couvent et congrégation des Augustins-Réformés et Déchaussés de cette ville de Paris, sous le titre de Notre-Dame-des-Victoires, les prenant à cet effet en sa protection et sauvegarde spécialle, veut que icelle église, congrégation et couvent jouissent des mêmes droits, priviléges, exemptions, franchises, immunités que les autres fondations royalles, leur accordant et leur octroyant tous les droits, grâces et faveurs qu'iceluy seigneur a octroyé aux églises et maisons de la qualité susdite. La permission accordée auxdits religieux, par l'archevêque de Paris, le dernier janvier 1625. Les statuts de l'Ordre desdits religieux, requeste, etc... Ladicte cour a ordonné et ordonne que lesdites lettres seront registrées au greffe d'icelle, pour jouir par les impétrants de l'effet et contenu en icelles, à la charge et aux conditions portées par les consentements de l'archevesque, du dernier janvier 1625. Scavoir, célébrer la saincte messe à haute voix, et chanter les matines, laudes, prime, tierce, sexte, none, vespres et complies, avec toutes les heures canoniales, selon les statuts et ordre de leur reigle, faire l'eaüe béniste et administrer les sacrements de Pénitence et de l'Eucharistie à tout le peuple dans leurs oratoires, par des personnes approuvées par l'archevesque de Paris ou ses vicaires généraux, et encore à la charge qu'ils ne pourront, depuis le dimanche des Rameaux jusqu'à *Quasimodo* inclusyvement ny ez trois festes annuelles, administrer les sacremens de Pénitence et d'Eucharistie aux pénitens qui se présenteront à eux ni à aucuns malades séculiers, encore qu'ils fussent appellez pour mesme effect, si ce n'est par la permission du curé, ou que lesdicts malades fussent en danger de mort; auquel cas ils les pourront entendre en confession, à la charge d'envoyer à l'instant celuy qui aura oy en confession le mallade ou autre religieux, trouver le curé du mallade ou son vicaire, ou en son absence, celui qui a charge d'administrer le sacrement d'Eucharistie aux mallades, pour luy témoigner qu'il n'entend la confession dudict malade, lequel il luy nommera... et outre déclarera la demeure dudict malade, et s'il est en estat de recevoir le sacrement de l'Eucharistie, en oultre, sans que lesdicts religieux puissent en aucun cas administrer ledict saint sacrement de l'Eucharistie, es maisons particulières et privées, et en tout sauf le droit des curés.

LETTRES-PATENTES

DE LA REINE-MÈRE ANNE D'AUTRICHE,

Par lesquelles elle se déclare protectrice de la Confrairie de Notre-Dame des sept Douleurs, érigée dans l'église des Augustins-Deschaussés de Notre-Dame-des-Victoires.

1656.

Anne, par la grâce de Dieu, reine de France et de Navarre, à tous présens et à venir, salut. La piété des grandes reines, dont la vertu a honoré la couronne de France, et qui nous reste encore aujourd'hui toute brillante de la sainteté de nos autels, aiant passé, depuis les premiers siècles de cette monarchie, de génération en génération jusqu'à la nostre, il nous serait de grand blasme qu'un zèle si saint et de si longtemps confirmé en ce royaume, s'amortist en nostre personne, et qu'ayant devant les yeux le bel exemple de la dévotion de ces grandes princesses, nous laissassions éteindre et mourir en nous le sentiment et la mémoire des belles actions qu'elles ont opérées à la gloire de Dieu et à l'honneur de notre couronne. La sanctification que ces royales âmes ont contractée dans le service de Jésus-Christ et de la Vierge, sa sainte Mère, les bénédictions quelles ont attirées sur elles et sur cet estat, par l'assiduité de leurs prières, et les récompenses quelles ont reçues de Dieu pour le service quelles y ont rendu en son nom dans les compagnies quelles y ont établies pour le soin et le besoin des pauvres, pour la consolation des affligez, pour le secours des malades et pour l'assistance des morts, nous obligent bien à faire quelque chose de semblable pour exciter nos sujets par nostre exemple, et à nostre imitation à ces œuvres de piété et de miséricorde et à complaire avec nous à Dieu, en faisant à son honneur et pour l'amour de lui, quelque action de nostre respect et de l'agrément de sa divine Majesté. Et comme il est de vérité toute entière, qu'après avoir rendu à Dieu ce qui appartient à Dieu, sa première et plus chère complaisance est en l'honneur et en la vénération que l'on rend à la sacrée Vierge ; aussi pouvons-nous croire que n'ayant point eu depuis la mort de Jésus-Christ, son fils, de plus chère occupation de l'âme en ce monde, que le sentiment et la souvenance des douleurs de sa passion, que l'institut d'une compagnie en forme de confraternité, sous le titre de Notre-Dame-des-Septs-Douleurs, ne lui sera pas désagréable, puisque s'érigeant en l'honneur de leurs communes souffrances, elle sera sans doute bien receue du Père, du Fils et du Saint-Esprit. Les compagnies royales, de semblable institution, se remettant devant nos yeux, et spécialement celle de la reine Anne de Bretagne, et l'establissement de l'ordre de la Cordelière en l'honneur des liens de Jésus-Christ, nous avons pensé que celle que nous ferons pour l'amour et à la gloire des douleurs du Fils et de la Mère, engagerait les gens de bien, de grand zèle, avec nous, aux dévotions et aux emplois des offices de charité qui lui seront destinez et présentez. Pour ce, est-il qu'ayant remis entre les mains du roy, nostre très honoré seigneur et fils, le fardeau de la régence et de l'administration de son Estat et de ses affaires, et que nostre viduité nous convie d'honorer la sainte Vierge, mère de Jésus-Christ, dans la révérence et la majesté de son deuil et de ses douleurs; après une délibération meurement concertée avec personnes d'intelligence et d'une grande piété, choisissant comme nous avons choisi et choisissons encore ces deux vénérables objets de deuil et des douleurs de Notre-Dame, pour le fondement et pour le motif de nos exercices ordinaires de dévotion et de piété; aussi nous avons résolu l'institut d'une compagnie en forme de confraternité, qui sera érigée et destinée, comme nous l'érigeons et la destinons en l'honneur des belles actions du dernier aage de la sainte Vierge, qui s'estant passé en sa retraite, en l'union inaltérable de son âme avec Dieu, n'a receu d'autres mouvements que ceux de l'imitation de Jésus-Christ en terre, ou n'estant venu que pour la gloire de son Père, et pour souffrir, et pour prier pour les pécheurs, n'a laissé à sa sainte Mère que la prière et la souffrance pour son partage, et le service du prochain pour son hérédité. Cette sainte Mère affligée, ayant donc achevé les funérailles de Jésus-Christ, son fils, et s'estant retirée chez elle avec les dames de sa maison et de sa confiance, sa charité toute accomplie commença ses prières pour les pécheurs et sa compassion pour leurs misères, de sorte que les recevant en leurs besoins, elle nous a laissé exemple, et que comme elle leur a fait, nous leur fassions; et c'est sur ce principe et sur ce modèle des belles actions de cette première sainte, et que notre institution s'est dirigée, et que nous nous sommes résolue de donner à cette compagnie l'oraison et la prière continuelle pour son ordinaire entretien, et pour son occupation extérieure le soulagement des pauvres et le soin des morts, suivant et conformément aux réglements qui en seront faits, et aux ordres qui en seront donnez. La grande estime que l'ordre des Augustins-Deschaussez s'est acquise en toutes les nations du monde, et spécialement en la Congrégation des Gaules, de la fondation de cette couronne, nous engageant à les avoir en une recommandation très-grande et toute particulière, nous a aussi excitée à faire le choix d'un ordre si saint et si célèbre pour y asseoir l'establissement de la compagnie que nous voulons ériger et commettre à leur conduite; et comme ce grand ordre s'est mis en la protection de Notre-Dame, sous le titre et sous la vénération de ses douleurs, aussi nous avons résolu de choisir ces Pères pour les seuls directeurs de l'économie spirituelle et de la temporelle, avec les personnes choisies de la compagnie et confirmées de nous. Ayant donc esté pleinement informée par nosdits amez les Augustins-Deschaussez de la très-chrétienne Congrégation des Gaules, qu'ils ont receu le Bref de nostre très-Saint Père le Pape pour l'érection et pour l'establissement de la compagnie de confraternité du titre de Notre-Dame-des-Sept-Douleurs, nous avons résolu de nous en rendre la protectrice, le chef et la souveraine régente, et d'en faire establir l'institut en nostre nom : priant les reines qui nous succéderont en cette couronne, de vouloir aussi, pour l'amour de la Vierge Mère de Douleurs, et en nostre considération, nous succéder à perpétuité dans la qualité que nous y prenons. A ces causes, nous inclinant à la très-humble supplication des Pères de l'Ordre, et qu'il nous est apparu dudit Bref de nostre Saint-Père le Pape, avec l'acceptation et les approbations nécessaires, nous nous sommes volontairement déclarée et déclarons par ces présentes la protectrice, le chef et la régente souveraine de ladite Compagnie, qui aura son application en la chapelle des Douleurs de la Vierge, dans l'église de Nostre-Dame-des-Victoires des Augustins-Deschaussez, en leur monastère à Paris, de la fondation royale du feu roy d'heureuse mémoire, nostre très-honoré seigneur et espoux. Et désirant rendre à la mémoire de la passion de Jésus-Christ et aux douleurs de la Vierge, sa mère affligée, tout l'honneur et tout le respect qu'il nous sera possible, nous voulons qu'il soit fait dez-à-présent et à toujours et de nostre participation, la nomination de cent dames princesses, duchesses, et autres de la cour et de nostre maison, pour tenir dessous nous en chef le service d'honneur de la Vierge en ce monde, et en la qualité de dames de son grand deuil de Jésus-Christ, dont sera composé le premier ordre et le grand rang de la Compagnie, laissant aux supérieurs ordinaires de la religion l'admission générale des fidelles qui se présenteront pour y estre receus; parmi lesquels on fera le choix des officiers et officières des emplois nécessaires et ordonnez de l'ordre des dames qui seront en chef dans les charges du ministère et de la direction de l'institut. Si donnons en mandement à nos amez et féaux les grands officiers de la cour, les généraux y tenant la séance pour le chapitre général et à tous les provinciaux, prieurs, et autres officiers de juridiction, de quelque qualité et conditions qu'ils soient, que ces présentes ils fassent lire, publier et registrer aux registres de leurs chartres, avec les réglements qui seront faits en l'ordre, de nostre participation. Car tel est nostre plaisir. Et afin que ce soit chose ferme et stable à toujours, nous avons fait apposer nostre scel à ces dites présentes signées de nostre main et contre-signées de nostre secrétaire des commandements. Donné à Paris le xxe jour de décembre MDCLVI, signé : ANNE. *Et plus bas:* Par la reyne, mère du roy : SERVIENT.

Alexandre VII approuva cette association, et donna un Bref d'indulgence, le 26 mars 1656. Le 24 mars 1657, Anne vint dans cette église où elle fut reçue en qualité de protectrice de la Confrérie. Les princesses et autres dames qui l'accompagnaient se firent inscrire en même temps dans cette sainte association.

—⁂—

LETTRE PASTORALE

DE

Mgr L'ARCHEVÊQUE DE PARIS,

adressée à MM. les Curés du diocèse.

ARCHEVÊCHÉ DE PARIS.

Paris, 4 Juillet 1853.

Monsieur le Curé,

Vous savez l'insigne honneur que le Souverain-Pontife et le vénérable Chapitre de Saint-Pierre du Vatican viennent de décerner à l'un de nos plus pieux Sanctuaires. Une couronne d'or d'un grand prix a été envoyée de Rome pour la statue de Notre-Dame-des-Victoires, comme un témoignage de la tendre piété de Pie IX, comme l'expression de ses sentiments pour la France, et aussi comme un monument de la reconnaissance de l'Église pour les innombrables bienfaits obtenus du Ciel par les prières d'une Archiconfrérie connue dans tout l'univers catholique, et par l'intercession de Marie. Le vœu du Souverain-Pontife était que la cérémonie du couronnement eût lieu le 2 juillet, fête de la Visitation. Nous nous étions empressé d'obtempérer, en ce qui nous concernait, à ce pieux désir; mais un obstacle imprévu et insurmontable en est venu empêcher la réalisation. Ce délai nous permettra au moins de vous annoncer cette cérémonie, Monsieur le Curé; et il vous permettra aussi de l'annoncer à vos Paroissiens, en leur en faisant comprendre la religieuse signification.

Marie est la Reine des anges et des hommes. Elle a été couronnée dans le ciel au jour de son assomption et de son triomphe. Pour exprimer sa grandeur et sa puissance, les Livres saints empruntent les images que nous nous faisons des splendeurs de la royauté; ils nous la montrent assise sur un trône, revêtue du soleil comme d'un vêtement, ayant la lune sous ses pieds, et autour de sa tête une couronne d'étoiles : *Mulier amicta sole, et luna sub pedibus ejus, et in capite ejus corona stellarum duodecim* [1].

Qu'elle est douce et salutaire aux âmes, cette royauté de Marie! L'Église catholique l'a toujours reconnue et célébrée; elle a compris ce qu'il y avait de souverainement puissant dans ses supplications maternelles et dans une pareille intercession : *Omnipotentia supplex* [2]. La France, la fille aînée de l'Église, a suivi fidèlement les traditions catholiques de piété et de confiance en la bonté et en la puissance de Marie.

Le Diocèse de Paris peut se glorifier aussi des témoignages éclatants qu'il a constamment donnés de sa dévotion à la Reine des cieux, et de la fidélité avec laquelle

---

[1] Apocal., XII, 1.
[2] S. Bernard.

il a toujours défendu ses glorieux priviléges. Ne s'est-il pas placé sous son égide depuis les temps les plus reculés ? Ne l'a-t-il pas choisie pour sa Patronne ? Et en élevant à sa gloire le magnifique monument de Notre-Dame, résumé et chef-d'œuvre de l'art du moyen âge, n'a-t-il pas gravé sur la pierre en mille traits ineffaçables son amour pour Marie, et composé à son honneur l'hymne le plus sublime et le mieux inspiré ?

Ces sentiments, qui ne se sont jamais éteints dans le sein de la grande cité, ont permis d'y allumer, dans ces derniers temps, ce grand foyer de dévotion qui, de l'autel de Notre-Dame-des-Victoires, fait sentir au loin sa salutaire influence, et va ranimer dans tous les cœurs égarés ou perdus les étincelles de la foi et de la charité.

Allons donc avec empressement reconnaître ces merveilles de la miséricorde de Dieu et de la puissance de Marie, en offrant à l'autel de notre Mère et à son image les dons de la piété de Pie IX. Ils auront à nos yeux un prix inestimable, venant de la main d'un Pontife bien-aimé, auquel la France n'est pas seulement unie par sa foi, mais par tant de circonstances et de sentiments particuliers, qui ont rendu cette union plus affectueuse et plus étroite. Exprimons aussi notre reconnaissance à l'illustre corps que l'antique piété a rendu dépositaire et dispensateur de ces faveurs insignes auxquelles il nous fait, cette année, participer. Remercions-le de nous avoir délégué, pour nous apporter les trésors de sa piété, un de ses jeunes membres qui porte un nom illustre dans l'Église, nom particulièrement cher à la France, où son souvenir et ses traces sont restés.

Vous annoncerez, Monsieur le Curé, que la cérémonie du Couronnement de Notre-Dame-des-Victoires aura lieu samedi prochain, 9 de juillet. Il y aura Messe pontificale. Nous voulons, autant qu'il est en nous, relever cette touchante solennité; c'est le vœu de notre cœur, et ce doit être aussi celui du Souverain-Pontife, qui a bien voulu ouvrir, dans cette circonstance, les trésors de l'Eglise, et y puiser une Indulgence plénière, accordée par Sa Sainteté à tous les fidèles qui, avec les dispositions requises, assisteront à la cérémonie.

Je vous réitère, Monsieur le Curé, l'assurance de mon bien tendre attachement.

† MARIE-DOMINIQUE-AUGUSTE,
Archevêque de Paris.

MARIUS

MISERATIONE DIVINA EPISCOPUS TUSCULANUS

S. R. E. Cardinalis MATTEI

Sanctae Patriarchalis Basilicae Vaticanae Principis Apostolorum de urbe Archipresbyter, etc., etc., necnon capitulum et canonici ejusdem Basilicae.

Parisiis civitate florentissima, in Ecclesia Beatissimae Virginis Mariae a Victoriis nuncupata, ad sacellum nempe Archisodalitatis a Sanctissimo et Immaculato ejusdem corde, magna in veneratione est marmoreum simulacrum ipsius Beatissimae Virginis Infantem JESUM gestantis. Illud etiam apud religiosissimos Galliæ universæ Christi fideles aliosque populos summa in celebritate versatur, eo quod misericordissima Dei Mater, titulo Refugium peccatorum, a pia illa Archisodalitate praesertim invocata, plurimos, intercessione potentissima, e vitiorum coeno eruerit, et ad eam, quae veros Christianos decet, vitae normam traduxerit.

Hisce permotus Sanctissimus Dominus Noster Pius PP. IX, cui nihil magis cordis est, quam fidelium spirituale bonum promovere, et cultum ac devotionem erga clementissimam Virginem per quam tot tantaque in Christianum populum beneficia descendunt, magis magisque propagare et augere, nostro Capitulo, cui percelebres Deiparae imagines coronandi munus antiquitus attributum est, Ipse auctor fuit, ut praedictum Virginis Beatissimae cum divino Filio simulacrum corona aurea decorandum solemni capitulari decreto constitueret; et ad novum eximiae, qua in Dei Matrem flagrat, pietatis testimonium coronas ipsas, quae sacris capitibus imponantur, sese oblaturum Sanctissimus idem DOMINUS significavit.

REVERENDISSIMUM CAPITULUM, cui nihil gratius aut jucundius potest contingere, quam venerationis erga Sanctissimam Virginem incremento studere, ac pontificiis obsequi desideriis, in comitiis habitis die quarta maji Ann. MDCCCLIII, ea quae superius narrata sunt plausibus excepit. Itaque, ad majorem Omnipotentis DEI gloriam, qui Beatissimam Virginem Unigeniti Filii sui Matrem singularibus honoribus ac privilegiis cumulare dignatus est, simulacro ejusdem Virginis infantem JESUM gestantis, quod in praefata Ecclesia et sacello colitur, aureas coronas, et privilegiorum participationem, quae in similibus concedi solent, libentissime decrevit.

Hinc, ut solemnis coronatio rite statuta condignum sortiatur effectum. Illmo ac Rmo Dno Antonio GARIBALDI, Archiepiscopo Myrensi, S. Sedis Apostolicae apud Serenissimum Francorum Imperatorem religionis et pacis adsertorem nuntio, olim sacrosanctae nostrae Basilicae canonico, officium committimus, quod gratissimum fore non dubitamus, ut die secundo proximi Julii, festo Visitationis ejusdem Mariae, hujusmodi Coronationis solemnitatem juxta ritum ad hoc praescriptum ac typis vulgatum exequatur [1]. Cuncta insuper privilegia per Capitulum concedi solita, atque in eodem sacro ritu expressa, omni meliori modo quo possumus et debemus, hisce de causis, in Domino concedimus et largimur.

In quorum omnium et singulorum fidem has praesentes litteras per Illustrissimum et Reverendissimum Collegii nostri Canonicum a secretis, ac per nostrum, ejusdemque Sanctae Basilicae Vaticanae Concellarium subscriptas fieri, sigillique nostri Collegii, quo in similibus utimur, jussimus et fecimus respective impressione muniri.

Datum Romae, ex Aula Capitulari, Anno Incarnationis Dominicae Millesimo octingentesimo quinquagesimo tertio, Idibus Junii, Indictione XI. Pontificatus vero Sanctissimi in Christo Patris ac Domini Pii Divina Providentia PP. IX. Ann. VII.

MARIANUS MARINI,
Canonicus a Secretis.

Pro Domino Benedicto Pomponj, Cancellario:

PHILIBERTUS POMPONJ,
Substitutus Camerarius.

[1] Mgr Antoine Garibaldi, craignant que sa santé bien chancelante ne lui permît pas de remplir la mission du Chapitre de Saint-Pierre, avait demandé qu'un autre délégué fût expressément envoyé de Rome. C'est ainsi que Mgr Pacca avait pris la route de France. A l'arrivée de ce dernier, le vénérable Légat du Saint-Siége avait déjà quitté la terre pour une patrie plus digne de ses vertus.

BREFS ET INDULTS

DES

SOUVERAINS-PONTIFES

Conférant des faveurs spirituelles

A N.-D.-DES-VICTOIRES ET A L'ARCHICONFRÉRIE.

1° *Bref d'érection.*

BREVE APOSTOLICUM.

GREGORIUS P. P. XVI.

Ad perpetuam rei memoriam. In sublimi principis Apostolorum cathedrâ nullis certè nostris pro meritis, sed arcano divinæ Providentiæ consilio collocati, ac proptereà de universo dominico grege vehementer sollicili, singulari sanè benignitate pias eorum hominum preces excipere solemus, qui eo potissimùm spectant ut Christi fideles magis magisque in fide stabiles atque fundati, et pietatis ac religionis amore inflammati, omni studio ambulent in viis Domini, ejusque mandata diligenter ac religiosè servent. Non mediocri certè paterni nostri animi voluptate accepimus à dilecto filio presbytero Carolo-Eleonoro Dufriche-Desgenettes parocho ecclesiæ B. Mariæ Virginis, cui à Victoriis nomen, vulgò *les Petits-Pères*, urbis Parisiensis in Galliâ, auctoritate Venerabilis fratris Archiepiscopi Parisiensis in parochiali templo sodalitatem in honorem sanctissimi et immaculati cordis B. Mariæ Virginis pro conversione peccatorum unà cum statutis et legibus ab eodem Venerabili fratre, ut fertur, probatis fuisse institutam, atque ex hujusmodi institutione non levia in spiritualem Christi familiam bona redundâsse. Quodcircà idem dilectus filius presbyter Carolus-Eleonorus Dufriche-Desgenettes, commemorati templi animarum curator, enixis precibus à nobis efflagitavit, ut ipsam sodalitatem Archisodalitatis titulo ac juribus decorare ac nonnullis indulgentiis ditare velimus, quo in dies Christi fidelium pietas augeatur.

Nos verò quibus nihil potiùs esse potest, quam omni ope et operâ sempiternæ Christi fidelium saluti prospicere ac Deiparæ Virginis cultum propagare, quæ utpotè Regina adstans à dextris Dei in vestitu deaurato et circumamicta varietate; nihil omninò est, quod ab eo impetrare non valeat, quæque tam præsens catholicæ Ecclesiæ tutela et spes fidissima nostrùm, quàm libentissimè ejusmodi votis annuendum existimavimus. Itaque ad illius sodalitatis decus augendum, quantùm in Domino possumus, omnes et singulos, quibus hæ litteræ favent, peculiari beneficentiâ prosequi volentes, et à quibusvis excommunicationis et interdicti, aliisque ecclesiasticis censuris et pœnis, quovis modo et quâcumque de causâ latis, si quas fortè incurrerint, hujus tantùm rei gratiâ absolventes et absolutos fore censentes, sodalitatem in honorem sanctissimi et immaculati Cordis B. Mariæ Virginis pro conversione peccatorum cum statutis et legibus à Venerabili fratre Archiepiscopo Parisiensi, ut asseritur, probatis seu probandis, in parochiali templo B. Mariæ Virginis à Victoriis, vulgò *les Petits Pères*, urbis Parisiensis in Galliâ jam rite institutam, Archisodalitatis titulo auctoritate nostrâ apostolicâ hisce litteris perpetuò decoramus. Illi proptereà omnia et singula jura, privilegia, honores et indulta quovis nomine designanda quibus aliæ archisodalitates ex usu et consuetudine utuntur, fruuntur, vel uti ac frui possunt et poterunt, concedimus et indulgemus.

Prætereà eâdem auctoritate nostrâ apostolicâ singulis confratribus et consororibus commemoratæ Archisodalitatis, verè pœnitentibus et confessis, ac S. communione refectis, die quo in eam coaptati fuerint, *Plenariam* omnium peccatorum suorum indulgentiam et remissionem misericorditer in Domino concedimus et indulgemus.

Item, *Plenariam* iisdem tribuimus indulgentiam in mortis articulo constitutis, quoties verè pœnitentes et confessi sanctissimum Eucharistiæ sacramentum sumpserint, vel quatenùs id facere nequiverint, sanctissimum *Jesu* nomen ore vel saltem corde invocaverint.

Plenariam quoque elargimur indulgentiam ipsis confratribus et consororibus qui dominico die cujusque anni immediatè præcedente dominicam septuagesimam, æquè ac festis diebus Circumcisionis Domini et Purificationis, Annuntiationis, Nativitatis, Assumptionis, Conceptionis B. Mariæ Virginis, ejusque Dolorum, et Conversionis Beati Pauli Apostoli, ac S. Mariæ Magdalenæ, sacramentali confessione peracta, ad sacram synaxim accesserint.

Plenariam quoque impertimur indulgentiam unicuique confratrum et consororum illius Archisodalitatis, qui piè Salutationem Angelicam pro conversione peccatorum singulis diebus recitaverint, die anniversario baptismi sui lucrandam, modò confessi et communicati fuerint.

Insuper tam prædictis confratribus et consororibus quam aliis devotè adstantibus missis quæ celebrantur unoquoque die sabbati in honorem sanctissimi Cordis

B. Mariæ Virginis in oratorio seu ecclesiâ ejusdem Archisodalitatis et ibidem orantibus pro conversione peccatorum, *quingentes dies* de injunctis eis, seu aliàs quomodolibet debitis pœnitentiis in formâ Ecclesiæ consuetâ relaxamus.

Deniquè ejusdem Archisodalitatis moderatoribus, eâdem auctoritate nostrâ, in perpetuum facultatem facimus, cujus vi alia quæcumque sodalitia ejusdem nominis et instituti extrà urbem ubilibet erecta in commemoratam archisodalitatem, servatâ tamen formâ constitutionis felicis recordationis Clementis VIII predecessoris nostri edita adscissere seu aggregare liberè et licitè possint, atque cum illis omnes et singulas indulgentias, peccatorum remissiones ac pœnitentiarum relaxationes, de quibus habita mentio est communicare. Hæc concedimus atque indulgemus decernentes has litteras firmas, validas et efficaces semper existere et fore, suosque plenarios et integros effectus sortiri et obtinere, ac illis in omnibus et per omnia plenissimè suffragari, sicque in præmissis per quoscumque judices ordinarios seu delegatos etiam palatii apostolici auditores, Sedis apostolicæ nuntios, ac S. R. E. Cardinales, etiam de latere legatos, sublatâ eis, et eorum cuilibet quâvis aliter judicandi et interpretandi facultate et auctoritate; judicari et definiri debere, ac irritum et inane, si secùs super his à quoquam quâvis auctoritate scienter vel ignoranter contigerit attentari. Nonobstantibus constitutionibus et sanctionibus apostolicis, necnon quoties opus fuerit ejusdem sodalitatis, etiam juramento, confirmatione apostolicâ, vel quâvis firmitate aliâ, roboratis statutis et consuetudinibus, cæterisque contrariis quibuscumque.

Dàtum Romæ apud sanctum Petrum, sub annulo

Piscatoris, die XXIV aprilis M. D. CCCXXXVIII, Pontificatûs nostri anno octavo.

Ibi subscribitur :
   E. CARD. DE GREGORIO.

(Locus sigilli annuli Piscatoris.)

HYACINTHUS-LUDOVICUS DE QUELEN, miseratione divinâ et Sanctæ Sedis Apostolicæ gratiâ, Archiepiscopus Parisiensis.

Vidimus et usui dedimus in nostrâ diœcesi presentes litteras apostolicas quibus sanctitas sua Gregorius Papa XVI, piam sodalitatem die 16 decembris 1836, à nobis approbatam et canonicè erectam in honorem sanctissimi et immaculati Cordis B. M. Virginis pro conversione peccatorum, in ecclesiâ ejusdem B. Mariæ Virginis à Victoriis dictâ Parisiis, et Archisodalitatis titulo in perpetuum decoravit eam omnibus facultatibus, juribus et privilegiis hinc titulo adnexis, et pluribus indulgentiis ditavit in formâ consuetâ lucrandis.

Datum Parisiis, sub signo et sigillo nostris ac secretarii Archiepiscopatûs nostri subscriptione, anno Domini 1838, die verò mensis junii 11.

Subscribitur :
   HYACINTHUS, Archiepiscopus Parisiensis.

De mandato :
   MOLINIER, Can. Secretarius.

(Locus sigilli.)

TRADUCTION

FRANÇAISE

DU BREF APOSTOLIQUE.

GRÉGOIRE XVI, PAPE.
POUR EN PERPÉTUER LE SOUVENIR.

Placé sur la chaire sublime du Prince des Apôtres, sans aucun mérite de notre part, mais par une vue secrète de la divine Providence, et ressentant par cette raison une vive sollicitude pour le troupeau du Seigneur, nous avons coutume d'accueillir avec une bienveillance toute spéciale les prières pieuses de ces hommes dont les efforts tendent principalement à ce que les fidèles de Jésus-Christ, fondés et affermis de plus en plus dans la foi, et enflammés de l'amour de la piété et de la religion, mettent toute leur étude à marcher dans les voies du Seigneur, et observent ses commandements avec une religieuse exactitude.

Notre cœur paternel a ressenti la joie la plus vive, lorsque nous avons appris par notre cher fils Charles-Éléonore Dufriche-Desgenettes, prêtre, curé de l'église de Notre-Dame-des-Victoires, vulgairement les Petits-Pères, à Paris, en France, que par l'autorité de notre vénérable frère l'Archevêque de Paris, on avait institué dans cette même église paroissiale une congrégation en l'honneur du très-Saint et Immaculé Cœur de Marie pour la conversion des pécheurs, avec des statuts et des règles approuvées, comme on l'assure, par notre vénérable frère le même Archevêque, et que l'institution de cette congrégation avait produit avec abondance de grands biens pour le salut spirituel des fidèles de Jésus-Christ. C'est pourquoi notre cher fils, le même prêtre, Charles-Éléonore Dufriche-Desgenettes, curé de l'église mentionnée, nous a instamment supplié de vouloir bien décorer cette congrégation du titre et des droits d'Archiconfrérie et de l'enrichir de quelques indulgences, afin que la piété des fidèles de Jésus-Christ s'accrût de jour en jour.

Pour nous, qui n'avons rien de plus à cœur que de pourvoir autant qu'il est en nous au salut éternel des fidèles de Jésus-Christ et à la propagation du culte de la Vierge, mère de Dieu, qui, en sa qualité de reine, debout à la droite de Dieu, revêtue d'or et parée de ses divers ornements, voit toujours exaucer ses prières et est là la défense toujours assurée de l'Église catholique et notre plus ferme espérance, nous avons cru devoir accéder de tout notre cœur au désir qui nous était exprimé.

C'est pourquoi, afin d'honorer cette congrégation autant qu'il nous est possible dans le Seigneur, voulant donner à tous ceux en faveur desquels nous délivrons les présentes, un témoignage spécial de notre bienveillance, les absolvant à cet effet seulement, et les tenant pour absous de toute sentence quelconque d'excommunication et d'interdit, et de toutes autres censures ecclésiastiques, sentences et peines portées de quelque manière et pour quelque cause que ce soit et qu'ils auraient pu encourir, de notre autorité apostolique nous décorons à perpétuité par les présentes du titre d'Archiconfrérie la congrégation en l'honneur du très-Saint et Immaculé Cœur de la Bienheureuse Vierge Marie pour la conversion des pécheurs, déjà canoniquement instituée dans l'église paroissiale de Notre-Dame-des-Victoires, vulgairement les Petits-Pères, à Paris, en France, avec des statuts et des règlements approuvés, comme on l'assure, ou à approuver par notre vénérable frère l'Archevêque de Paris. Nous lui accordons donc et lui octroyons tous et chacun des droits, priviléges, honneurs et indults, sous quelque nom qu'on les désigne, dont les autres archiconfréries usent et jouissent d'après la coutume et dont elles peuvent ou pourront user et jouir.

En outre, de notre même autorité apostolique nous ordonnons et octroyons miséricordieusement dans le Seigneur, à chacun des confrères et consœurs de ladite Archiconfrérie qui, étant véritablement contrits, se seront confessés et auront reçu la sainte communion, le jour où ils seront admis dans ladite confrérie, l'indulgence plénière et la rémission de leurs péchés.

Nous leur accordons de même une indulgence plénière toutes les fois qu'à l'article de la mort, étant vraiment contrits et s'étant confessés, ils auront reçu la sainte communion, ou que n'ayant pu le faire ils auront invoqué de bouche ou au moins de cœur le très-saint nom de Jésus.

Nous accordons encore une indulgence plénière aux mêmes confrères et consœurs qui, ayant reçu le sacrement de Pénitence, s'approcheront de la sainte Table le dimanche de chaque année qui précède immédiatement celui de la Septuagésime, ainsi qu'aux fêtes de la Circoncision de Notre-Seigneur et de la Purification, de l'Annonciation, de la Nativité, de l'Assomption, de la Conception et de la Compassion de la Bienheureuse Vierge Marie, de la Conversion de saint Paul, apôtre, et de sainte Marie-Madeleine.

Nous accordons de même une indulgence plénière à chacun des confrères et des consœurs de ladite Archiconfrérie qui auront pieusement récité tous les jours la Salutation angélique pour la conversion des pécheurs. Ils pourront gagner cette indulgence le jour anniversaire de leur baptême, pourvu qu'ils se soient approchés des sacrements de Pénitence et d'Eucharistie.

De plus, nous remettons auxdits confrères et consœurs, selon la forme usitée dans l'Église, et à tous les fidèles qui assisteront avec dévotion aux messes qui se célèbrent tous les samedis en l'honneur du Très-Saint Cœur de la Bienheureuse Vierge Marie, dans l'oratoire ou dans l'église de ladite Archiconfrérie, et qui y prieront pour la conversion des pécheurs, nous leur remettons cinq cents jours des peines qui leur sont imposées, ou dont ils sont redevables de quelque manière que ce soit.

Enfin, de notre même autorité, nous donnons à perpétuité aux directeurs de ladite Archiconfrérie le pouvoir d'y recevoir ou agréger librement et licitement toutes les autres congrégations du même nom et érigées pour la même fin, quelque part que ce soit hors notre ville, en conservant toutefois la forme prescrite par la constitution de Clément VIII d'heureuse mémoire, notre prédécesseur, et de les faire entrer en communication de toutes les indulgences, rémissions de péché, relaxations de peines déjà mentionnées, et de chacune d'elles en particulier.

Nous concédons et octroyons toutes ces grâces en décrétant que les présentes lettres sont et demeureront toujours valables, valides et efficaces, qu'elles doivent obtenir leur plein et entier effet, qu'elles doivent être en tout et partout complétement adoptées et soutenues, et qu'ainsi, relativement à ce qui précède, tous les juges ordinaires, délégués ou auditeurs du Palais apostolique,

Nonces du Siége apostolique ou Cardinaux de la sainte Église romaine, et même légats *à latere*, doivent juger et définir selon la teneur des présentes, toute permission et tout pouvoir de juger et d'interpréter autrement leur étant enlevé et à chacun d'eux en particulier, et déclarant cassé et de nulle valeur tout ce qui pourrait être attenté au contraire sciemment ou par ignorance par qui que ce soit, jouissant de quelque autorité que ce puisse être. Le tout, nonobstant les constitutions et les sanctions apostoliques, et toutes les fois qu'il en sera besoin, nonobstant les statuts et coutumes de la susdite congrégation, établis même par serment ou confirmation apostolique, ou par tout autre principe d'autorité, et enfin nonobstant tout ce qui pourrait être contraire aux présentes.

Donné à Rome, à Saint-Pierre, sous l'anneau du Pêcheur, le xxiv avril M. D. CCCXXXVIII, de notre Pontificat l'an huitième.

E. CARD. DE GREGORIO.

(Place du sceau de l'anneau du Pêcheur.)

HYACINTHE-LOUIS DE QUÉLEN, par la miséricorde divine et la grâce du Saint-Siége apostolique, Archevêque de Paris, etc.

Nous avons vu et remis pour qu'il en soit fait usage et fait jouir dans notre diocèse les lettres apostoliques par lesquelles Sa Sainteté, le Pape Grégoire XVI, a décoré à perpétuité du titre d'Archiconfrérie, ainsi que de toutes les facultés, droits et priviléges annexés à ce titre, et a enrichi de plusieurs indulgences à gagner en la forme accoutumée, la pieuse Congrégation que nous avons approuvée et érigée canoniquement le 16 décembre 1836, en l'honneur du très-Saint et Immaculé Cœur de la B. Vierge Marie, pour la conversion des pécheurs, dans l'église de Notre-Dame-des-Victoires.

Donné à Paris sous notre seing et notre sceau, et sous la signature du secrétaire de notre Archevêché, l'an du Seigneur 1838, le 11 de juin.

HYACINTHE, Archevêque de Paris;

Par mandement :
MOLINIER, Chan., Secrét.

2° *Un rescrit* du 24 février 1840, accorde à tous les membres de l'Archiconfrérie deux indulgences plénières par mois, aux jours qu'il leur conviendra de choisir, à la condition de recevoir les sacrements de Pénitence et d'Eucharistie, de visiter une église ou un oratoire public, et d'y prier aux intentions du Souverain-Pontife.

3° *Un bref apostolique,* en date du 26 novembre 1844, transfère au dimanche de la Sexagésime la fête du Saint-Cœur de Marie, ainsi que l'indulgence plénière qui y est attachée, les années où il ne se rencontre qu'un dimanche entre l'Epiphanie et la Septuagésime.

4° *Un bref apostolique,* du 21 novembre 1845 accorde une indulgence de 500 jours, non-seulement aux membres de l'Archiconfrérie, mais encore à tous les fidèles qui assisteront avec piété à l'office du Saint-Cœur de Marie, dans toutes les églises où cette dévotion est canoniquement établie.

5° *Un rescrit* en date du 6 juillet 1847, accorde à perpétuité à l'église de Notre-Dame-des-Victoires l'indulgence plénière de la portioncule.

6° *Plusieurs rescrits,* en date du 19 décembre 1847,

accordent : 1° une indulgence plénière à tous les confrères qui communieront les jours des fêtes de saint Joseph, de saint Jean-Baptiste et de saint Jean l'évangéliste ; 2° une indulgence plénière à tous les fidèles étrangers à Paris, qui feront la sainte communion, à l'autel du Saint-Cœur de Marie, dans l'église de Notre-Dame-des-Victoires ; 3° une indulgence de 200 jours à tous les fidèles qui visiteront ladite église, et réciteront l'Oraison dominicale et la Salutation angélique ; 4° une indulgence plénière le quatrième dimanche d'octobre, jour de la solennité de la fête patronale de Notre-Dame-des-Victoires, à gagner dans toutes les églises ou chapelles dédiées ou qui doivent être dédiées à la sainte Vierge sous le titre de Notre-Dame-des-Victoires ; 5° une indulgence plénière à tous les prêtres étrangers qui célébreront la sainte messe à Notre-Dame-des-Victoires.

7° *Une bulle du très-saint Père Pie IX*, du 11 janvier 1853, accorde à Notre-Dame-des-Victoires les mêmes faveurs qu'à Notre-Dame-de-Lorette, en Italie, c'est-à-dire cinq jubilés par an, à gagner les jours de Noël, de l'Annonciation de la sainte Vierge, de la Nativité, de la Conception, de la Translation de la sainte maison de Lorette. Cette faveur spirituelle a été ratifiée et confirmée par une lettre-patente donnée par le vénérable et illustrissime évêque de Lorette, qui associe l'église de Notre-Dame-des-Victoires au sanctuaire béni de Notre-Dame-de-Lorette.

8° *Un bref*, envoyé récemment, accorde à perpétuité une indulgence en forme de jubilé à ceux qui visiteront l'église Notre-Dame-des-Victoires le 9 juillet, jour anniversaire du Couronnement de la sainte Vierge.

TABLE.

—◊—

	Pages.
Fêtes particulières de l'Archiconfrérie.	VII
INTRODUCTION.	IX
Consécration à Notre-Dame-des-Victoires.	XVI

LIVRE I.

Histoire de l'église de Notre-Dame-des-Victoires, depuis
    sa fondation jusqu'à nos jours. 1
  CHAP. I. De l'Ordre monastique de Saint-Augustin   1
        II. Établissement des Augustins en France,
           fondation de l'église Notre-Dame-des-
           Victoires et monastère des Petits-Pères.   7

LIVRE II.

Établissement et diffusion de l'Archiconfrérie du Saint-
    Cœur de Marie. 33

LIVRE III.

Hommages rendus à Notre-Dame-des-Victoires par les
    Souverains-Pontifes et les fidèles. 45
  CHAP. I. Hommages des Souverains-Pontifes. . . 45
        II. Hommages rendus à Notre-Dame-des-
           Victoires par les fidèles. 68

LIVRE IV.

Faveurs spirituelles et temporelles obtenues par l'inter-
    cession de Notre-Dame-des-Victoires. 85

LIVRE V.

Description monumentale de l'église Notre-Dame-des-Victoires. 177

LIVRE VI.

Une soirée à Notre-Dame-des-Victoires. 193

APPENDICE.

NOTES ET PIÈCES JUSTIFICATIVES.

Lettres-patentes du roi Louis XIII. 207
Lettres-patentes pour les Petits-Pères de la place des Victoires. 210
Lettres-patentes de la reine-mère Anne d'Autriche. . 212
Lettre pastorale de Mgr l'Archevêque de Paris. . . 217
Marius miseratione divina episcopus tusculanus S. R. E. Cardinalis Mattei. 220

BREFS ET INDULTS DES SOUVERAINS-PONTIFES.

Bref d'érection. 223
Traduction française du bref d'érection. 228

[Paris. — Imprimerie Bailly, Divry et Cᵉ, place Sorbonne, 2.

www.ingramcontent.com/pod-product-compliance
Lightning Source LLC
Chambersburg PA
CBHW070650170426
43200CB00010B/2182